미중 관계 레볼루션

이희옥

성균관대학교 정치외교학과 명예교수 겸 성균중국연구소 명예소장. 현대중국학회 회장, 일본 나고야대학 특임교수, 중국해양대학 교환교수, 워싱턴대 방문학자를 역임했다. 주요 연구 분야는 중국의 정치 변동과 동북아시아 국제 관계이며, 주요 저서로 《중국의 새로운 사회주의 탐색》《중국의 국가 대전략 연구》《궐위의 시대: 미국과 중국이 사는 법》 등이 있다.

김영한

성균관대학교 경제학과 교수. 국제경제학, 특히 국제 경제 통합과 산업 구조 재편에 초점을 맞추어 연구하고 있다. 삼성경제연구소 수석연구원, 한국외국어대학교 국제지역대학원 조교수 등을 역임했다. 현재 한국 국제통상학회 부회장, 한국통상정책포럼 위원장 등을 맡고 있다. 주요 저서로 《지속가능한 자본주의체제와 경제적 합리성》 등이 있다.

권석준

성균관대학교 화학공학부, 반도체융합공학과, 미래에너지공학과 교수. 한국과학기술연구원(KIST) 첨단소재연구본부에서 선, 책임연구원을 역임했다. 주로 차세대 반도체 소재 및 공정 기술을 연구하고 있으며 주요 저서로 《반도체 삼국지》《차세대 반도체》 등이 있다.

차태서

성균관대학교 정치외교학과 부교수. 한국국방연구원 안보전략센터 연구원, 공군사관학교 군사전략학과 전임강사 등을 역임했다. 담론 분석과 정치 사상사를 기반으로 미국 외교와 세계 질서 변동 연구에 집중해 왔다. 주요 저서로 《30년의 위기: 탈단극 시대 미국과 세계질서》 등이 있다.

성균관대학교 유튜브 콘텐츠
〈물음표와 느낌표 사이〉

미중 관계 레볼루션

기술 패권 시대,
변화하는 질서와
한국의 생존 전략

이희옥, 김영한
권석준, 차태서

들어가는 말

2025년은 중국이 2014년에 야심 차게 입안한 정책인 '중국제조 2025' 10년 계획이 끝나는 해이기도 합니다. 이 10년 동안 경제 규모는 물론 제조업, 나아가 반도체, 배터리, 전기차, 통신, 최근에는 인공지능에 이르기까지 첨단 산업에서 중국의 약진은 매우 인상적인 속도로 가파른 상승 곡선을 그렸습니다. 중국의 산업 경제력 확장은 곧 국력 팽창으로 이어졌고, 미국이 바라보는 중국 역시 10년 전과는 그 위상이 많이 달라졌습니다. 2010년대 중후반 이후 미국은 중국을 더 이상 거대한 소비 시장이나 자유 무역 파트너로서만 인식하는 것이 아니라, 국제적 영향력을 두고 본격적으로 경쟁해야 할 상대로 규정하기 시작했습니다. 이제 미국 정부는 중국의 산업, 특히 첨단 제조업을 향하여 화웨이 같은 개별 회사 단위를 넘어 중국이라는 나라 전체를 대상으로 기술 및 무역 제재 조치의 강도와 범위를 확대하고 있습니다. 또한 한국이나 일본, 영국, EU의 주요 동맹국을 동원하여 중국을 향한 포위망을 구축하려 하며, 동시에 중국 등으로 그간 외주 주다시피 했던 제조업을 다시 자국으로 가져오겠다는 이른바 리쇼어링 reshoring 정책을 정교하게 구축하고 있습니다.

중국 역시 이에 대응하기 위해 산업의 내재화, 공급망 자급화, 그리고 기술 고도화에 정책적 자원을 더욱 집중하고 있습니다. 민간 기업들의 연구 개발 R&D 투자도 빠르게 증강 추세로 진입하고 있으며, 일대일로 BRI 전략이나 브릭스 BRICS 협력 등으로 국제적 외연도 넓혀 가고 있습니다. 그러나 일부 영역에만 자원을 집중 투입해 온 중국의 톱다운 top-down 방식 산업 정책은 과잉 생산이나 디플레이션 문제, 지방 정부 부채, 부실 기업 양산과 연쇄 부도, 관료들의 부정부패 같은 문제를 야기하고 있습니다. 중국 정부와 기업들이 이루는 독특하고도 강력한 민관 결합 방식이, 미국 정부로 하여금 중국의 주요 산업에 대해 더 치열하고 정교한 기술 제재 정책을 설계하도록 만드는 동기를 부여하고 있기도 합니다.

미중 양국의 경쟁의 종착지는 과연 어디일까요? 예상할 수 있다시피 두 나라의 경쟁은 결국 '패권 전쟁'으로 향할 것입니다. 비록 현재로서는 군사력으로 정면 대결하는 위급한 양상이 보이고 있지는 않지만, 이미 패권 경쟁의 핵심 영역인 첨단 기술과 외교 안보 양면에서 양국의 경쟁은 전쟁이라는 표현이 무색하지 않게 날로 치열해지고 있습니다. 특히 냉전 종식 이후 그간 자유 무역 시장과 신자유주의 체제 하에서 지속되던 미국 중심의 단극 체제는, 최근 트럼프 2기 정부 출범과 미국의 고립주의로의 회귀, 3기에 접어든 중국 시진핑 주석의 장기 집권 가능성 현실화, 푸틴의 독재 지속 및 러시아-우크라이나 전쟁의 장기화, 이스라엘-이란 전쟁 같은 국지전 빈발 등으로 점차 다극 체제로 전환되는 양상을 보이고 있습니다. 뿐만 아니라 트럼프 2기 정부는 한국이나 일본, 멕시코, 캐나다 같은 미국의 전통적인 우방국들에까지 고율의 관세 정책으로 일관하면서 세계는 빠르게 그리고 불확실하게 바뀌고 있습니다.

이러한 다극 체제는 신냉전 시대를 불러올 수도 있습니다. 그리고 불행히도, 미중 패권이 충돌하는 전선 한가운데에 바로 한국이 있습니다. 지난 30여 년간 '안미경중安美經中' 전략으로 균형을 유지하며 선진국으로 막 발돋움한 한국은, 이러한 밸런스 게임을 자주적으로 주도할 여력이 점차 줄어드는 형국 앞에 놓여 있습니다. 반세기 넘게 한국의 국부를 책임져 왔던 석유화학이나 제철 같은 제조업 뿐만 아니라 반도체와 인공지능 등의 첨단 산업 영역에서, 최근 중국의 가파른 산업 파급력 상승세와 양질 전환에 따른 고부가가치 전략 강화로 인해 글로벌 시장에서의 점유율을 지켜 내기가 어려워지고 있습니다. 게다가 미국은 경제 안보와 기술 패권을 연결하는 기정학技政學적 전략 아래, 한국에 '안미경미安美經美'라는 단일 선택을 요구하며 압박 강도를 점점 높이고 있습니다. 중국과 북한은 여전히 한국을 경원시하고 러시아와 한국의 관계는 멀어지고 있지만, 한국의 에너지와 식량 및 지하 자원 공급망은 대만해협을 지나는 해상

운송로에 절대적으로 의존하고 있어 양안 위기가 고조되고 있는 지금 한국의 외교와 기술 안보 전략은 점점 어려운 시험대에 오르고 있습니다.

이러한 상황에서 미중 패권 전쟁 전개 양상은 결국 한국의 운명과 직결될 수밖에 없습니다. 그래서 미중 관계가 앞으로 어떻게 바뀔 것인지, 양국의 기정학적 패권 전략이 한국에 어떠한 영향을 미칠 것인지, 한국의 외교 안보 전략과 기술 경쟁력 강화가 어떻게 이에 대응하며 연계되어야 하는지 등을 논하는 것이야말로 외교 안보, 정치, 경제, 그리고 기술과 산업을 다루는 학자들의 현재 가장 중요한 사회적 책무라 할 수 있을 것입니다. 이런 이유로 성균관대학교에서 미중 관계를 연구하고 있는 저희 네 명의 학자가, 각자의 전공과 연구 전문성을 배경으로 현 상황을 조금이나마 깊게 들여다보고자 이 대담을 기획했습니다. 이희옥 교수님은 한국 최고의 중국 정치학 전문가라는 위명에 걸맞게 중국 정치 체계는 물론 경제 전략과 산업 정책으로의 확장 전략까지 차분하게 논해 주셨습니다. 차태서 교수님은 미국 정치 연구에서 두각을 나타내는 소장파 학자로서 미국이 어떻게 중국을 최대 경쟁자로 인식하게 되었는지를 분석하고, 미국의 대중對中 인식과 전략이 트럼프 2기라는 현 상황에서 앞으로 어떻게 바뀌어 갈 것인지를 자세히 말씀해 주셨습니다. 김영한 교수님은 국제 무역 시스템과 거시 경제 전문가로서 미국과 중국이 협력적인 견제 또는 견제하는 협력 관계를 이어가면서도 어떻게 패권 경쟁을 치를 수 있는지를 살피며, 특히 정치와 경제가 서로 다른 도메인에 있는 것이 아니라 결국 하나의 복합 문제가 될 수밖에 없다는 사실을 다시금 환기하셨습니다. 공학자인 권석준 교수님은 반도체, 인공지능, 전기차, 로보틱스 등 중국이 놀라운 속도로 장악하고 있는 산업 분야에서의 경쟁력이 앞으로 미중 양국 경쟁에 어떠한 변수가 될 것인지, 더 중요하게는 한국의 산업이 이에 어떻게 대응해야 하는지를 말씀해 주셨습니다. 저희의 대담을 통해, 미중 기술 패권 전쟁에서 한국은 반드시 피해자가 될 것이라고 단정할 필요가 없으며 오히려 더 많은 기회를 잡을 수도 있음을 확인할 수 있을 것입니다.

    미중 경쟁이 치열해질수록 한국의 위기가 점차 고조되고 있습니다. 한자리에 모이기 어려운 전문가들이 미중 관계라는 하나의 주제로 나눈 다학제적 대담을 책으로 엮으려 한 가장 큰 동기는, 저희의 대담이 지금의 위기를 체감하고 있을 한국의 독자들에게 시사하는 바가 클 것이라 여겼기 때문입니다. 이 책이 나오기까지 같이 고생하신 성균관대학교 교육팀, 교무처, 대담 구성을 도와주신 작가분들, 그리고 흔쾌히 출판 제의에 동의해 주신 한겨레출판사 관계자분들께 깊은 감사의 말씀을 전합니다. 모쪼록 다음 대담이 이루어질 때쯤에는 저희가 이 책에서 제시한 분석과 해법이 미중 관계의 난제를 풀어 가는 데 의미 있는 성과로 이어졌기를, 한국의 앞날에 불확실성이 조금이나마 줄어들었기를 바랍니다.

염천의 명륜동에서
저자 일동 드림

차례

들어가는 말 004

1장 미국, 무엇을 원하고 어디로 가는가

MAGA 현상의 정체 019 | 분노의 정치 공학 024 | 마당은 좁게, 담장은 높게 027 | 스스로 패권국 지위를 포기한 미국? 031 | 40년 전 대성공한 그 전략은 다시 통할까 041 | 이유 있는 트럼프의 '삥 뜯기' 전략 047 | 미국은 정말 약해지고 있는가? 052

2장 미중 경쟁, 어떻게 바라봐야 하는가

미국의 '배은망덕 프레임' 060 | 미중 경쟁은 피할 수 없는 '운명'인가? 064 | 미국의 중대한 오판 068 | 미중 관계, 이런 접근은 반드시 경계해야 074 | '피크 차이나론'의 실체? 084

3장 한국, 생존할 것인가 도태될 것인가

제재와 결핍이 만든 중국의 역설적 혁신 106 | 답은 지난 역

사 속에 있다 113 | 바로 지금이 위기이자 기회다 121 | 죽느냐 사느냐, 갈림길에 선 한국 128 | 중국 AI 혁신의 네 가지 비결 136 | 한국이 중국의 길을 따를 수 없는 이유 141 | 적시의 정부 개입은 반드시 필요하다 145 | 포스트 AI, 그다음 전장은 어디일까 149

4장 길 없는 길 위에서 살아남기

휘말릴 것인가 버려질 것인가 160 | 불가능한 탈중국과 필요한 탈중국? 167 | 한국이 'AI G3' 도약을 노리기에 앞서 178 | 우리는 위기를 제대로 직시하고 있는가 188 | 신냉전이라는 추운 겨울, 우리의 길은 193 | 전승절과 APEC, 놓치지 말아야 할 단서와 기회 197 | 마무리하며 202

1장

미국, 무엇을 원하고 어디로 가는가

이희옥 안녕하세요. 저는 성균관대학교 정치외교학과 이희옥 교수입니다. 저는 중국 정치 전공인데요, 제가 여기 계신 분들을 섭외한 이유는 미국 정치, 과학 기술, 경제학 분야 전문가분들과 함께 미중 관계를 주제로 여러 이야기를 나누면 좋겠다고 생각했기 때문입니다. 각자 어떤 기대로 제 섭외 요청에 응해주셨는지 한말씀씩 부탁드립니다.

권석준 안녕하세요. 반갑습니다. 저는 성균관대학교 공과대학 화학공학부에 재직하고 있는 권석준이라고 합니다. 주요 연구 분야는 차세대 반도체 소재와 공정 기술입니다. 제가 이 논의에 참여하게 된 이유는, 우선 존경하는 이희옥 선생님께서 올해가 정년이기도 하시고요. 우리나라에서 가장 중국을 깊게 연구하시는 교수님 바로 옆에서 좋은 지혜를 얻고, 차태서 선생님이나 김영한 선생님처럼 정치, 경제 분야에서 많은 학문을 쌓으신 분들과 굉장히 흥미로운 이야기들을 할 수 있지 않을까 기대했기 때문입니다. 그리고 저희가 다룰 주제가 정말 시의적절한 주제이기 때문에 여러 분야의 연구자분들과 함께 이야기를 나누어 볼 기회가 생긴다면, 또 거기에 제가 조금이라도 기여할 수 있다면 좋지 않을까 생각했었는데요. 마침 좋은 제안을 해 주셔서 기쁜 마음으로 참여하게 되었습니다.

김영한 네, 안녕하세요. 경제학과 김영한입니다. 저는 주로 국제경제학, 국제 무역 정책을 공부하고 있습니다. 처음 연락받았을 때 이희옥 교수님께서 이 기획을 배후에서 조정하셨다는 이야기를 듣고 제가 뭐 말대꾸할 수 있는 입장이 못 되기 때문에(일동 웃음) 늘 그랬듯이 지령에 순종하는 마음으로 나왔는데, 여기

계신 교수님들께 많은 걸 배울 수 있을 것 같아 기대가 매우 큽니다.

차태서 반갑습니다. 저는 성균관대학교 정치외교학과 차태서라고 합니다. 국제정치학 분야에서 주로 미국 외교를 가르치고 있습니다. 저도 다른 분들과 비슷한 입장인데요. 저는 사실 지금 안식년입니다. 하지만 이제 퇴임을 앞두신 이희옥 선생님께서 직접 모임을 만드셨다기에 감사한 마음으로 참여하고 싶었습니다. (저희가 다룰 주제가) 지금 너무 중요한 주제인데, 이런 주제를 (제 연구 분야인) 국제 정치에서 주로 다루기는 하지만 사실 늘 좀 한계를 느끼고 있었습니다. 지금 미중 간에 일어나는 다툼의 주전선主戰線이랄까 주전장主戰場이 계속 경제 분야, 기술 분야에서 형성되고 있는데 마침 이런 기회가 왔을 때 관련 분야를 전공하고 계신 다른 선생님들께 가르침을 얻으면 저의 공부에도 도움이 될 것 같고요. '미중 관계와 한국'이라는 주제를 이해하고자 하는 분들께도 도움을 드릴 수 있는 좋은 기회가 될 것 같아서 즐거운 마음으로 참여하게 되었습니다.

이희옥　제가 각자 분야에서 가장 권위 있는 선생님들을 이렇게 모시게 된 이유는, 요즘 국제 정치가 복합적으로 작동하고 있어 어느 한 분야에서의 학문적인 판단만으로 문제를 해결하거나 해석하기가 굉장히 어려워졌기 때문입니다. 최근의 한 조사를 보면, '현재 한국에 가장 크게 위협이 되는 게 뭔가'를 우리 국민에게 물었더니 '미중 전략 경쟁과 갈등' 그리고 '보호주의 확대와 첨단 기술 경쟁'이라는 답변이 가장 많이 나왔다고 합니다. 이전에는 대부분 기후 변화나 지정학적 리스크, 북핵 문제가 주로 나왔었거든요. 그만큼 미중 경쟁과 그로 인한 영향을 민감하게 받아들이는 분들이 많아졌다는 것이고, 미국과 중국이 두 국가를 중심으로 한 국제 질서의 변화와 지정학적 리스크가 굉장히 시급하고 중요한 화두로 떠올랐다는 것을 알 수 있습니다. 그래서 '미중 관계와 한국'이라는 큰 주제 아래, 관련 분야의 교수님들을 모시고 이야기를 나눠 보고자 합니다.

MAGA 현상의 정체

이희옥 지난 1년 사이에 이런 경향이 나타나게 된 가장 근본적인 이유는 2025년 1월에 트럼프 2기 행정부가 출범하면서 생긴 변화를 우리 국민이 직접 체감했기 때문 아닐까 생각합니다. 우리 국민이 공부를 참 많이 합니다. 사드 문제가 발생하면 이 사드의 배치 체계가 어떻게 되는지 큰 관심을 가지시고요. 또, '미중 광물 전쟁' 이슈가 터지면 그 핵심인 희토류 공부도 열심히 합니다. 최근에는 'MAGA'를 많이 이야기하시는데요. 'Make America Great Again(미국을 다시 위대하게)'라는 문장의 약자죠. 국내의 보수 세력 집회에도 MAGA라는 글귀가 적힌 모자를 쓰고 참여하는 사람들이 많을 정도로 MAGA는 굉장히 큰 국제 정치적 화두가 됐습니다. 트럼프 대통령과 많은 미국인이 외치고 있는 이 슬로건부터 한번 살펴보면 좋을 것 같은데요. 미국은 왜 지금 이런 깃발을 내걸고 있을까. (미국 중심의) 단극 체제가 약화되면서 생긴 힘의 공백 때문인지, 아니면 정말 미국 외교 정책의 목표 또는 목적이 변한 것인지 모르겠는데요.

미국이 MAGA라는 슬로건을 내세우는 진짜 이유는 무엇일까, 이로부터 이야기를 시작해 보도록 하겠습니다. 우선 MAGA 전문가이신 차 교수님께서 말머리를 열어 주실까요?

차태서 예. 아무래도 MAGA라는 현상을 이해하기 위해서는 먼저 미국에서 포퓰리즘이 왜 부상하게 되었는가, 그 배경으로부터 이야기를 시작해야 할 것 같습니다. 포퓰리즘이라는 건 결국, 지난 20~30년간 진행되어 온 신자유주의적 지구화의 부정적 영향이 축적되면서 나타난 현상이라고 할 수 있을 텐데요. 그 원인으로 구체적으로는 크게 두 가지를 보통 꼽는 것 같습니다. 하나는 경제적인 차원, 다른 하나는 문화적인 차원입니다. 브랑코 밀라노비치Branko Milanović라는 경제학자가 '코끼리 곡선'이라는 걸 이야기한 적이 있습니다. 코끼리 곡선은 지구화가 1990년대부터 20여 년간 진행되면서 전 세계에 어떤 영향을 미쳤는지 소득 수준을 기준으로 보여 주는 그래프죠. 세계화가 진행되는 동안 중국과 같은 중위권 국가에서 가장 큰 부의 성장이 나타났고 세계 각국 최상위 부유 계급의

그림 1

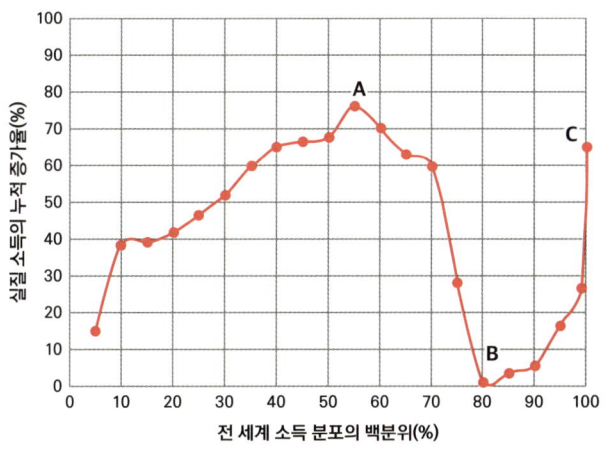

브랑코 밀라노비치의 코끼리 곡선. 실질 소득 증가율이 가장 높게 나타난 지점인 A에는 중국, 인도, 태국 등의 국민이 속하며, 실질 소득이 전혀 증가하지 않은 B 지점은 대부분 일반적인 고소득 국가(OECD 회원국 등) 국민이다. C는 세계화가 진행되며 엄청난 부를 얻은 세계 각국 최상위 부유층이며 이중 절반이 미국인이다.

경제적 부 또한 성장했습니다. 문제는, 전 세계적으로는 부가 증가했는데도 선진 국가들의 중하층 계급, 노동 계급의 실질 소득률은 전체적으로 정체돼 버렸다는 겁니다. 이렇게 신자유주의적 세계화가 초래한 소득 격차 같은 부작용, 그로 인해 노동 계급의 어떤 분노가 폭발한 것이 포퓰리즘 부상의 주요 배경으로 작용했다는 것. 이것이 경제적 관점에 따른 설명이고요.

문화적 관점에서의 설명은 이렇습니다. 세계화가 진행되면서 유색 인종들의 이민이 늘었고 북미 지역, 또 서유럽에서 소위 '다수-소수 Majority-Minority' 현상이 일어납니다. 그러니까 원래 다수였던 인종이 소수화되는 것, 예를 들어 미국 같으면 원래 백인종, 앵글로색슨 민족이 다수였는데 점점 중남미에서 오는 히스패닉 이민자들이 많아지면서 백인이 소수화되는 거죠. 물론 절대적 의미에서의 소수는 아니지만 과거에 비해 상대적으로 백인의 인구 비중이 낮아지면서 그에 대한 문화적인 불안, 인종적인 불안 같은 것을 백인들이 느끼고, 일종의 '반격 backlash 현상'이 발생합니다. 그게 문화 전쟁이라든지 정체성 정치의 형태로 나타나는 건데요. 이렇게 경제적인 또는 문화적인 불안과 불만들이 정치의 영역으로 폭발한 것이 미국에서는 '트럼프 현상'이고, 현재 MAGA의 전체적인 배경을 이루게 됩니다.

2016년부터 10년째, 그전까지의 미국과는 전혀 다른 미국을 보고 있는 것 같은데요. 우리가 원래 알고 있던 미국이라는 나라는 동부나 서부 해안 지대의 대도시에 가면 볼 수 있는 경제적으로 여유 있고 교육 수준이 높은 사람들의 모습, 그런 사람들이 갖고 있는 자유주의적인 분위기로 대표됩니다. 바로 '리버럴한 미국Liberal America', 자유주의적인 또는 세계 시민주의적인 미국의 모습인데요. MAGA 시대로 넘어오며 새롭게 알게 된 미국은 그와는 전혀 다른 모습을 보이고 있죠. 동부나 서부의 해안 대도시가 아니라 남부 내륙 지역, 러스트 벨트 또는 애팔래치안 농촌 지대의 미국, 그런 지역에 살고 있는 중하층 계급의 분노한 미국인들, 그들이 가진 비자유주의적인 모습이나 기독교 근본주의적 또는 토착주의적 모습이 지금의 미국을 대표하고 있습니다. 그 형태를 '트럼프 지지자들'이라는 얼굴로서 새롭게 맞닥뜨리게 된 거죠. 그리고 그들이 표출하고 있는 세계관이나 그로부터 탄생한 현재 미국의 대외 정책은 지금 우리가 트럼프 행정부를 통해 맛보고 있는 것처럼 전혀 자유주의적이라든지 국제주의적이지 않고, 굉장히 보호주의적이고 배타적이며 또 현실주의적인 형태인 것 같습니다.

분노의 정치 공학

이희옥   그러니까 차 교수님 말씀에 따르면 MAGA는 미국 국내 정치 상황이 국제 정치적 또는 경제적 형태로 표현된 현상이라는 건데, 관세 전쟁이나 무역 전쟁도 'MAGA적인' 양상이라고 볼 수 있지 않을까요? 김영한 교수님, 경제적인 맥락에서 MAGA는 어떻게 해석할 수 있을까요?

김영한   경제적 배경을 차 교수님이 잘 설명해 주셨는데요. 고대 국가 시절부터 국제 무역은 쭉 있어 왔고 무역의 역사는 인류 역사와 함께 진행되어 왔습니다. 그런데 이 국제 무역의 자유가 극대화된 세계화라는 물결 자체가, 어떻게 보면 차 교수님이 설명해 주신 대로 미국의 근본적인 성격을 바꿔버린 가장 큰 배경이라고 할 수 있습니다. 경제학 입문서에도 나오다시피 국제 무역에 참여하는 모든 국가를 풍요롭게 해 주는 기본 원리는, 각국이 비교 우위가 있는 부문을 특화해 수출하고 비교 열위인 부문은 수입하면 궁극적으로 국가 전체의 부를 늘릴 수 있다는 것입니다. 이 과정에서 비교 열위 부문에 활용되던 생산 요소들은 단기적으로 실업 상태에 빠지게 되지만, 중장기적으로는 점차 비교 우위 부문으로 재배치되면서 결과적으로 그 국가의 전체적인 효율성과 생산성이 높아지기 때문에 자유 무역을 통한 이익이 지속 가능하다는 것이고요. 이렇게 비교 열위 부문에 있던 노동력이나 다른 생산 요소들을 비교 우위 부문으로 재배치하는 것은 '무역 조정 제도'를 통해 이루어집니다. 이를 좀 더 가속하는 것이 '무역 조정 지원 제도'이고요. 이 둘은 어떻게 보면 사회 안전망 제도라고도 볼 수 있습니다.

미국은 세계화와 국가 간 자유 무역으로 가장 큰 수혜를 입은 국가입니다. 그런데 자유 무역이 지속 가능한 부를 창출하는 하나의 메커니즘이 되기 위해서는 무역 조정 지원 제도 등 사회 안전망이 매우 적극적으로 작동해야 합니다. 그래야 생산 요소의 재배치가 원활히 이루어질 테니까요. 그런데 1980년대 레이건 행정부 이래로 심지어 민주당 정부에서조차 세계화 흐름에서 소외된 사람들을 위한 사회적, 정치적, 제도적 지원 시스템 구축에 관심을 크게 두지 않았습니다. 이 때문에 차 교수님이 설명해 주신 대로 미국 국민의 절반 정도가 분노할 수밖에 없었던 것이죠. '루저'가 되어 버린 이들의 높아져만 가는 분노를 민주당에서조차 수수방관했고, 그 '방치된 분노'를 최대한 정치적으로 이용하기 위해 등장한 슬로건이 바로 MAGA인 것 같습니다. 미국은 이미 2차 대전 이후 지금까지 세계의 경제력과 군사력을 주도하고 있어요. 지구상에서 가장 강력한 국가를 굳이 떠올려 본다면 미국 이외에는 생각할 수 없는데도 느닷없이 MAGA라는 슬로건을 내세운다는 것은, 분노한 미국 유권자의 절반을 정치적으로 이용 혹은 악용하고자 하는 의도가 아닌가 생각합니다. 이 의도가 1기 트럼프 정부 때 매우 성공적이었고, 분노를 정치적으로 활용했을 때의 효과를 맛봤던 트럼프가 한 번 더 크게 흥행해서 성공을 한 게 지금 2기 트럼프인 것 같고요.

그런데 저는 이 MAGA가 정말 '미국'의 슬로건인가 하는 의문이 듭니다. MAGA는 일부의 분노를 잘 활용해 표를 얻고자 한 트럼프의 정치 공학에 사용된 수사입니다. 미국의 수사라기보다는 트럼프의 수

사인 것이죠. 이런 트럼프를 미국 국민이 대통령으로 뽑았다는 사실이 궁극적으로… 뭐랄까요. 결국 미국의 새로운 모습이라고도 볼 수 있겠지요. 그러나 우리가 좀 더 초점을 맞추어야 하는 건, 트럼프의 당선과 행보가 미국 전체의 모습이 아니라 유권자 일부의 분노를 적극 이용한 정치 공학의 결과라는 사실 아닐까요. 즉 MAGA는 분노를 정치적으로 활용할 줄 아는 '포퓰리스트들의 기술'을 잘 보여 주는 현상으로 저는 이해하고 있습니다.

마당은 좁게, 담장은 높게

이희옥 미국이라는 나라를 이해하기가 예전보다 훨씬 어려워진 것 같습니다. 트럼프 행정부, 공화당 정부, 미국 연방 정부가 따로 놀고 있어 대체 어디를 상대해야 할지가 지난번 미국과의 관세 무역 협상에서도 가장 중요했던 포인트 중 하나라고 생각하는데요. 두 분 교수님이 말씀하신 대로 미국 사회 전반에 대한 어떤 '반응'으로서 나온 게 MAGA라고 볼 수 있는데, 미국 내 제조업이나 첨단 기술 영역에서는 매우 능동적으로 MAGA를 활용하려는 측면이 있을 것 같거든요? 권 선생님이 보시기에 기술 영역에서 MAGA는 다른 모습으로 비추어질 수도 있을 것 같은데, 어떻습니까?

권석준 네. 이 MAGA가 아까 차 선생님이나 김 선생님이 말씀하신 경제적인 그리고 정치적인 동기에서 유발된 현상인 것은 확실한데요. 흥미롭게도, 지난 바이든 정부에서도 MAGA라는 구체적 표현만 사용하지 않았을 뿐 제조업이나 첨단 산업 영역에서 미국의 주도권을 다시 찾으려는 정책적인 움직임이 상당히 구체화 됐었습니다. 이런 면에서, 어떻게 본다면 (기술 영역에서 MAGA는) 초당적인 철학이 아닌가 생각할 수 있습니다. 다만 바이든 정부에서는 최소한의 국제 정치적인, 합리적인 규범 안에서 그러한 정책을 진행하려 했던 점이 (트럼프 정부와의) 차이라고 볼 수 있고요.

바이든 정부가 만든 법안 중 저희가 주목해야 하는 법안이 2개가 있는데 첫 번째가 '반도체 및 과학

법CHIPS and Science Act[1]'이고요. 두 번째가 '인플레이션 감축법Inflation Reduction Act, IRA[2]'입니다. 특히 IRA 법은 표면상으로는 물가 상승 완화를 위해 만들어진 법이라고 하지만 실제로는 중국의 전기차와 그에 탑재되는 배터리 등의 부품을 겨냥한 법이었다는 것은 모두가 잘 알고 있습니다. 그러면 여러 산업 중에서도 왜 하필 반도체나 전기차, 배터리, 나아가 AI 분야 같은 특정 산업에 대해서 과거 2차 대전 시절에나 펼쳤을 법한 이런 이례적인 정책을 꺼내 든 것일까요? 이렇게까지 노골적으로 자국 내 산업을 우대하고 중국

---

1 2022년 바이든 정부 시절, 총 527억 달러 규모의 막대한 재정 지원 내용을 포함하여 미국 반도체 산업의 경쟁력 제고를 목적으로 제정된 법률. 논쟁을 촉발한 내용은 이른바 '가드레일 조항'으로, 연방 보조금 수혜 기업은 향후 10년간 중국이나 러시아, 북한 등 미국이 '우려 국가'로 지정한 국가에 반도체 제조 시설을 신설 및 확장하는 것이 금지된다. 이로 인해 대중국 수출 및 투자에 제약이 생겨 한국 반도체 산업에도 큰 파장이 일었다.

2 2022년 바이든 정부 시절, 에너지 안보 강화, 기후 변화 대응, 보건 의료 지원을 위해 향후 10년간 약 4850억 달러를 투자하기로 한 법률. 특히 전기차 세제 혜택과 관련해, 미국에서 최종 조립 및 생산된 차량이면서 배터리에 사용된 핵심 광물이 미국 또는 미국과 자유 무역 협정(FTA)을 체결한 국가에서 공급된 경우에만 세액 공제를 받을 수 있도록 정하고 있다. 이에 따라 미국 외 지역에서 생산된 전기차나 중국산 광물을 사용한 배터리를 장착한 전기차는 미국 내 가격 경쟁력이 크게 떨어졌다.

을 강력하게 견제하는 무리수를 두는 이유는 무엇일까요? 생각해 보면 간단합니다. 그런 산업들에서 현재 미국이 주도권을 내어 주고 있다는 판단이 있었기 때문이라고 봐야겠죠. 그렇다면 미국은 어쩌다 첨단 기술 혹은 산업에서의 주도권을 내어 주게 된 것일까요? 미국 내 기술 관료technocrat나 여론 주도층opnion leader이 분석한 바에 따르면 이렇습니다. 아까 차 선생님과 김 선생님도 말씀하셨는데요, 1990년대 들어와 심화된 자유 무역 구조가 초반에는 미국이 전 세계로 시장을 넓히고 글로벌 분업 구조를 더욱 효율적으로 만드는 과정에서 큰 국부를 창출할 수 있게 해 주었죠. 그런데 한편으로는 그게 미국의 잠재적 경쟁자들을 굉장히 빠르게 키워 준 촉매가 되었다는 분석이 있거든요. 특히 중국은 잘 아시는 것처럼 2001년에 WTO에 가입하면서 본격적으로 글로벌 시장에 데뷔했는데요. 이때부터 2010년 초반까지만 하더라도 미국 입장에서 중국은 저렴한 인건비를 기반으로 미국에 값싼 제조품을 공급해 줄 수 있는 공급 기지이자 거대한 소비 시장 역할을 했기 때문에 미국에 굉장히 도움이 됐던 것이 사실입니다. 그런데 2010년

중반으로 넘어오면서 중국이 첨단 산업을 점점 내재화하기 시작했고, 이 산업을 가지고 오히려 미국 시장으로 진출하기 시작하는 움직임이 보였죠. 미국은 중국을 포함한 후발 주자들에게 주요 첨단 산업 분야의 기술 패권이 넘어가고 있다는 판단을 한 것이고, 이 패권이 완전히 저쪽으로 쏠리기 전에 어느 정도의 주도권을 다시 미국으로 가져올 필요가 있다고 본 것이고요. 그래서 제조업에서는 리쇼어링 정책들이 가시화되기도 했고, 지난 바이든 정권에서는 국가안보보좌관이었던 제이크 설리번 Jake Sullivan 같은 사람이 '마당은 좁게, 담장은 높게 small yard high fence'라는 기조로 중국을 비롯한 첨단 기술 산업 경쟁자들을 견제하며 '시장의 충격은 최소화하면서도 동시에 기술 주도권을 미국으로 가져오는 게 중요하다'는 판단이 담긴 정책을 냈던 것 같습니다.

스스로 패권국 지위를 포기한 미국?

이희옥 2001년 중국의 WTO 가입이 매우 중요한 역사적인 사건 같아요. (권석준: 맞습니다.) 사회주의 국가가 자본주의 국제 경제 질서에 스스로 걸어 들어갔던 충격적 사건이었거든요. 그리고 미국은 중국을 이 체제 안에서 관리하려 시도를 했었고요. 그렇다 보니까 미중 관계는 오랫동안 협력 속에서 부분적으로 경쟁하는 구도였던 것 같거든요. 그런데 어느 순간부터, 아마 그게… 트럼프 1기가 될 수도 있고 아니면 그 이전인 오바마 2기 시기일 수도 있을 텐데, 그때부터는 미중 관계가 기존과는 달리 '경쟁 속 부분적 협력' 구도로 변한 것 같습니다. 그게 트럼프 2기 정부가 출범하면서 더욱 본격화되었고 그러면서 '신냉전'이라는 담론이 크게 부상하게 된 거고요.

이 신냉전에 대해서도 논의가 필요한데요. 우선 미국과 중국이 각각 어떻게 받아들이고 있는지 보면, 일단 미국은 지금 상황을 '신냉전 구도'로 이해하고 있지만 중국은 그렇게 보지 않는 것 같습니다. 냉전을 구성하는 세 가지 요소가 있잖아요. 동맹 체제, 경제적 체제, 이데올로기인데요. 과거 미소 냉전기에는 전혀 다른 두 이데올로기가 치열하게 대립했었죠. 경제 체제도 완전히 달랐고, 교역도 자신의 블록 안에서 했죠. 그리고 상대를 적으로 간주하는 적대적인 국가 간 동맹 체제가 미국과 소련을 중심으로 형성되었었고요. 신냉전은 어떤가 보면, 미국과 중국이 서로 적대적인 이데올로기를 가지고 있기는 한데요. 미소 냉전 체제와 차이가 있다면, 중국이 자신의 이데올로기를 수출할 국가가 없어요. 왜냐하면 그 이데올로기를 수입할 국가가 없거든요. 그리고 미중 간 힘의 격차가 확실히 존재하는 상황 속에서, 중국이 미국을 상대로 적대적 동맹 체제를 구축할 수 있을까요? 중국은 그럴 힘도 의지도 별로 없는 것 같아요. 경제적으로도, 중국은 미국과의 무역 구조를 '무기화된 상호 의존 상태weaponized interdependence'라고 보거든요. 지난해까지만 해도 중국은 대미 무역에서 연간 약 3600억 달러의 흑자를 보고 있었으니까요. 이런 구조가 일시에 단절되기는 어렵다고 보는 것이 중국 내 시각인 것 같아요. 그래서 중국은 지금의 신냉전 양상을 중국이 새롭게 부상할 수 있는 기회가 아니라 하나의 도전으로 여기는 것 같고요.

자, 신냉전이라고 하는 현상이 실제로 있는가 없는가에 대한 논쟁을 차치하고서라도, 일단 (우리가 느끼기에는) 현재 냉전의 분위기나 냉전 체제의 양상들이 분명히 나타나고 있다고 볼 수 있지 않습니까? 얼마 전에 차태서 교수님이 아주 중요한 저작을 하나 내셨죠. 단극 체제가 해체되면서 발생하는 국제 질서의 변동에 관한 책인데, 이게 신냉전을 해석하는 일과도 밀접한 관계에 있다는 생각이 들거든요. 교수님께서는 지금의 신냉전을 어떻게 이해하고 계십니까?

차태서 조심스러운 부분이 있기는 하지만, 저는 일단 지금 상황을 '탈단극post-unipolarity'이라는 개념으로 정의하고 있습니다. 기존에는 미국이라는 유일한 패권 국가가 있었다면 이제는 그 질서를 벗어나고 있는 것 같은데요. 그런데 '그다음'이 뭔지는 잘 모르겠어요. 완전히 다극multipolarity으로 갈지, 말씀하신 것처럼 (미중) 양극bipolarity 체제가 고착화돼서 과거 미소 냉전 체제와 같은 상황으로 갈지 아직 모르겠습니다. 이제 (미국 중심의) 단극 체제는 끝났지만 세계 질서가 앞으로 어떤 형태로 재편될지는 예측하기 어렵다는 것까지가 제가 내렸던 진단입니다.

그런데 제가 미중 관계에서 주목하는 지점 중 기

존의 논의들과는 좀 초점이 다른 부분이 있습니다. 지금까지 미중 신냉전, 미중 경쟁을 둘러싼 주된 담론은 보통 미국의 국력을 중국이 언제 따라잡을 것인지, 또는 따라잡지 못하는 것인지 등 미국과 중국 사이의 객관적 국력 격차에 굉장히 주목해 이루어져 왔죠. 그래서 미중 사이의 군사력이나 경제력을 비교하고, 만약 둘 사이의 격차가 사라지게 된다면 전쟁이 발생하는 것은 아닌지 등 미중 관계를 '투키디데스 함정Thucydides Trap[3]' 개념으로 많이 이야기하고 있습니다. 그런데 최근 미국의 국내 정치 상황, 특히 트럼프 등장 이후 약 10년간의 상황을 봤을 때 오히려 투키디데스 함정보다는 '킨들버거 함정Kindleberger Trap[4]'을 주목할 필요가 있지 않을까 합니다. 저는 지

---

[3] 신흥 강대국의 부상이 기존 패권국의 불안을 자극해 결국 무력 충돌로 이어질 수 있음을 뜻하는 개념. 아테네의 군인이자 역사가인 투키디데스는 《펠로폰네소스 전쟁사》에서 아테네의 성장에 대한 스파르타의 두려움이 두 국가 간 전쟁을 촉발했다고 평가했다.

[4] 미국의 경제학자 찰스 킨들버거는 제1차 세계 대전 이후 패권국의 지위를 얻게 된 미국이 보호 무역을 고수하며 패권국으로서의 책무를 다하지 못한 결과 대공황이라는 세계적 혼란이 지속되었고, 이것이 제2차 세계 대전으로 이어졌다고 보았다. 미국의 정치학자 조지프 나이는 이를 '킨들버거 함정'이라는 개념으로 정리해, 미국이 고립주의로 회귀함으로써 글로벌 공공재가 제공되지 못할 때 패권의 부재가 낳는 무질서가 큰 재앙으로 귀착될 수 있다고 지적했다.

금의 미국을 보며 마치 양차 대전 사이 전간기Interwar period의 미국을 보는 것 같다고 느끼는데요. '객관적으로' 미국의 국력이 약해지거나 중국의 국력이 강해져서 생기는 문제보다는, 오히려 미국이란 나라의 '주관적 의지'가 빠르게 쇠퇴하며 생기는 문제가 더 클 수도 있겠다는 생각이 듭니다. 미국은 1차 대전의 승전국이었고 1920년대 이후 강력한 패권국이 되었지만, 국내 정치적인 이유로 고립주의를 택하며 세계 운영에 손을 놔 버렸잖아요. 그러면서 대공황이 왔고, 1930년대에는 2차 대전으로 치닫는 상황을 그냥 방치했어요. 전간기 미국은 세계 패권국으로서의 활동을 중지해 버린 상태였던 거죠. 그런데 지금 미국 국내 정치 상황이 트럼프 등장 이후 점점… 여전히 객관적인 국력은 어느 정도 갖추고 있지만, 주관적 의지가 빠르게 쇠퇴하고 있는 것 같아요. 실제로 지금 트럼프 정부의 외교 정책은 역외 균형 전략Offshore Balancing[5]으로 돌아서고 있는 모습이 보입니다. 예전

---

[5] 패권국이 다른 강대국의 부상을 견제하기 위해 해당 지역 내의 유력 국가를 활용하여 세력 균형과 안정을 도모하려는 전략. 세계 각 지역의 사안에 직접(onshore) 개입하기보다, 대외 개입을 최소화하며 역외(offshore)에서의 '균형자' 역할 수행을 지향하는 현실주의적 접근이다.

처럼 전 세계를 통할했던 '자비로운 패권국'으로서의 역할을 수행하지 않고 세계 주요 지역에서 빠르게 후퇴하고 있어요. 예를 들면 나토NATO에서는 '이제 유럽의 안보와 방위 문제는 유럽이 알아서 하라'는 입장이고 우크라이나 전쟁 문제도 '우리는 뒤로 빠질 테니 유럽이 주도적으로 해결하라', 중동 문제도 '아브라함 협정Abraham Accords[6]을 중재해 주고 더 이상 관여하지 않을 것이니 이후 문제는 중동이 알아서 하라'였고요. 이제 미국은 오로지 '중국과의 경쟁'에만 집중하겠다는 것이죠. 이것이 바로 미국 역외 균형 전략 내용입니다. 경제 분야는 앞서 잠깐 이야기가 나왔지만 '우리는 더 이상 글로벌 공공재를 제공할 이유가 없고, 자비로운 패권국이 아니라 좁은 의미의 국익을 추구하는 보통 강대국으로 미국의 역할을 한정하겠다'는 모습을 보이고 있어요. 이렇게 미국이 자국의 역할과 정체성을 매우 빠르게 내향화하고 있는 만큼 탈단극 징후는 현재 확실히 보이고 있

---

[6] 2020년 9월 15일 미국의 중재로 이스라엘과 아랍에미리트, 이스라엘과 바레인 사이에 체결된 협정. 아랍 국가와 이스라엘의 관계 정상화를 위한 평화 협정이다.

고, 이런 식으로 가다 보면 결국 미국 스스로의 선택에 의해 (중국이 반길) '다극화'로 이어지지 않을까 생각하고 있습니다. 이건 미국의 객관적 국력이 약해지고 있기 때문이라기보다는 미국이 주도적으로 '탈단극-다극화'의 방향으로 세계를 이끌고 있는 게 아닌가 하는 약간의 우려 섞인 예측을 하고 있고요.

이희옥 방금 차 교수님이 말씀하신 것처럼 미국이 킨들버거의 함정에 빠진다면 세계적으로는 큰일이네요. 미국과 중국 모두 글로벌 공공재를 제공할 생각이 없는 거잖아요. 앞으로 국제 사회에 패권국으로부터 공공재를 제공받지 못하면서 생기는 극심한 분열과 갈등이 더욱 잦아지겠죠. 이런 상황을 경제 분야의 관점에서는 어떻게 보십니까?

김영한 차 교수님의 말씀과 같은 맥락에서, 20세기 이후 세계 경제의 역사적 흐름을 잠깐 짚어 보면요. 2차 대전이 끝난 1945년부터 상당 기간 동안 세계는 미국을 중심으로 한 시장 경제 그룹과 구소련을 중심으로 한 사회주의 그룹, 이렇게 두 그룹으로 나뉘

어서 냉전을 했었죠. 그러다 1990년대 구소련이 붕괴되고 아까 차 교수님이 말씀해 주신 일극 체제로 갔다가, 최근 들어서는 글로벌 거버넌스 시스템이 크게 변화하고 있는데요. 냉전 시대와 일극 시대를 지나오면서 적어도 국제 경제는 매우 안정적인 시스템을 유지했거든요. (차 교수님께서) 말씀해 주셨다시피 구舊냉전 체제에서도 또 일극 체제에서도 국제 거래가 원활하게 이루어질 수 있는 국제 결제 시스템이나 안정적인 국제 통화 시스템 등의 글로벌 공공재를 제공하는 역할이나, 어떤 국가에 외환 위기처럼 위험한 상황이 발생하면 긴급 지원을 통해 세계 경제 질서를 안정시키는 역할을 누군가가 담당했었거든요. 구 냉전 시절에는 소련이 공산권 국가를 대상으로 나름대로 그런 역할을 했고, 미국은 미국대로 시장 경제 그룹에 글로벌 공공재를 제공했고요. 일극 체제에서도 마찬가지였습니다. 적어도 안정적인 국제 거래가 가능한 시스템은 작동해 왔죠. 그런데 최근 들어 일극 체제가 다극 체제로 바뀌고 있느냐, 또 이 변화가 국제 경제에 불안과 위기를 초래할 것인가를 두고 생각해 보면, 제 개인적으로는 다극 체제로 바뀌더라도 국제 거래가 안정적으로 일어날 수 있는 글로벌 공공재가 지속적으로 제공되기만 한다면 단순히 일극 체제가 양극 체제나 다극 체제로 바뀌어 가는 현상 자체를 위기의 전조라고 볼 수는 없다고 생각합니다. 세계가 G1이든 G2든 G7이든 어떤 체제가 되든 안정적인 상황 관리가 가능한 국제 시스템이 작동하느냐 아니냐가 중요하다는 것이죠.

그런데 도대체 왜 지금 와서, 미국은 글로벌 공공재를 제공하는 역할을 스스로 포기했을까요? 그게 미국 국력의 쇠퇴를 의미하는 것일까요? 미국 경제력과 기술력이 쇠퇴한 결과 미국이 글로벌 공공재 제공 역할을 포기하고 소위 '이기적인' 경제 전략 또는 정치 전략으로 스스로 숨어 들어간 것일까요? 물론 1970년대부터 1980년대까지 미국이 보여 준 압도적 경제적 리더십이 상대적으로 봤을 때 지금은 어느 정도 줄어든 건 사실이겠죠. 그러나 더 중요한 문제는 미국 국내 경제와 정치 시스템에서 나타나는 심각한 분열과 불안정, 그리고 불균형 구조인 것 같습니다. 미국 내에서 빈부 격차와 사회적 갈등이 심화하고 있고 결국 미국 국민은 그런 갈등 구조를 정치적으로 이용하려는 포퓰리스트를 대통령으로 뽑았거든요. 미국 국내 경제 또는 정치 불균형 구조 때문에 글로벌 공공재를 제공할 능력이 어느 정도 줄어든 게 사실이지만 아예 제공할 수 없을 정도로 쪼그라든 건 아니기 때문에, 제가 봤을 때는 미국의 힘을 지속 불가능하게 하는 미국 내 여러 불균형한 구조를 민주당을 포함한 정치권 전반이 수수방관했다는 게 진짜 문제라는 겁니다. 그런 미국 내 리더십의 부재가 결국 국제적 리더십의 포기로 이어진 게 아닌가, 저는 그렇게 이해하고 있습니다.

40년 전 대성공한 그 전략은 다시 통할까

이희옥 글로벌 국제 공공재의 상실이, 미국의 힘이 쇠퇴해서 생긴 문제인지 아니면 차 교수님 말씀대로 미국의 의지나 목표가 완전히 바뀌어서 생기는 현상인지를 구분해서 질문하고 설명하는 것이 중요한 연구의 화두가 될 수도 있겠다는 생각이 드는군요. 이제 조금 다른 이야기로 넘어가서, 지금 또 하나의 중요한 이슈가 바로 공급망 문제, 산업 안보 문제잖아요. 미국과 중국, 대만 사이에서는 반도체를 축으로 기술 패권 경쟁과 안보 문제가 얽힌 복합적 관계, 이른바 '실리콘 트라이앵글' 구도가 나타나고 있고요. 미중 경쟁의 중요한 축이 기술 패권, '기술 신냉전' 구조라고 할 수 있는데, 권 교수님, 과학계의 시각에서 이를 어떻게 볼 수 있을까요?

권석준 이 신냉전 구조가 정말로 성립하고 있는가에 대한 여부는 조금 더 두고 봐야 할 것 같긴 하지만, 중국의 의지와는 무관하게 미국이 계속 신냉전이라는 분위기를 조성하는 상황임은 맞는 것 같습니다. 특히나 구냉전 시절에 미국은 이미 소련이나 소련의 위성국들, 바르샤바 조약 기구 같은 공산권 국가에 대응하는 맞춤형 전략들을 많이 만들어 효과를 본 사례가 있기 때문에 그때를 레퍼런스 삼아 이용할 수밖에 없다고 생각합니다. 대표적으로, 미국은 민간과 군사 이중 용도 기술이 될 수 있는 몇몇 핵심적인 첨단 기술에 대해 굉장히 강력한 규제 정책을 소련에 적용했어요. 흥미롭게도, 당시 발사체나 위성,

통신 기술과 함께 중요한 기술 통제 대상이었던 것이 바로 반도체 기술이었습니다. 냉전이 가장 치열했던 1970년대, 소련과 소련의 위성국들이 정말로 가지고 싶어 했던 기술 중 하나가 미국의 반도체 기술이었거든요. 그런데 반도체 설계 자체는 소련이 미국에 그렇게까지 밀리는 상황은 아니었어요. 그렇다면 어디에서부터 기술 격차가 나기 시작했을까요? 우리가 보통 'IC'라고 부르는 집적 회로 Integrated Circuit 생산에 필요한 핵심 공정 장비들이 있습니다. 그런데 이 핵심 공정 장비와 관련된 원천 기술을 미국이 먼저 개발했고, 이를 IC 양산에 가장 먼저 도입했어요. 그래서 사실상 글로벌 반도체 시장을 미국이 거의 독점하다시피 할 수 있었던 거죠. 소련은 반도체 설계 관련 기술은 어떻게든 확보할 수 있었는데, 반도체를 양산하기 위한 공정 장비 기술이 없었던 거예요. 이 차이가 나중에 어떤 나비 효과를 만들어 냈냐면, 바로 정보화 혁명에서의 격차입니다. 1980년대로 접어들고 PC 시장이 열리면서 반도체 시장이 기존 B2B 시장에서 B2C 시장으로까지 확대됩니다. 반도체 시장이 굉장히 글로벌하게 커진 것이죠. 반도체가 개인용 컴퓨터

에까지 적용될 수 있을 정도로 값이 저렴해질 수 있었던 가장 큰 원인은 결국 칩을 양산할 수 있는 기술이 그전부터 개발됐기 때문인 거고요. 미국은 그래서 1인당 한 명씩 컴퓨터를 가질 수 있었던 시기에 소련은 여전히 반도체를 거의 수작업으로 만들다시피 했기 때문에, 웃지 못할 일이지만 50명당, 100명당 한 대꼴로 컴퓨터를 쓸 수 있었습니다. 이 때문에 1980년대 들어서는 미국과 소련의 정보 격차가 정말 크게 벌어졌고요. 그런데 우리 모두 잘 알고 있는 것처럼 1980년대 이후 글로벌 경제의 가장 큰 흐름 중 하나가 바로 정보화 시대의 도래라는 겁니다. 이 정보화 시대에 발맞추려면 컴퓨터가 필요하죠. 그리고 컴퓨터가 작동할 수 있게 하는 반도체가 필요하고요. 이에 따라 반도체를 양산해서 공급할 수 있는 공급망이 필요해졌습니다. 이때 미국은 동맹국들을 규합해서 소련권에 대해 반도체 핵심 기술 공급망을 차단하는 전략을 쓴 거죠.

    미국은 이 전략을 40년 만에 중국이라는 최대 경쟁자를 향해 다시 꺼내 들고서, 이 제재 정책이 또 통할 것인지 테스트하고 있는 것 같습니다. 저희가 트럼프 2기 정부 얘기를 많이 하고 있습니다만, 전임 바이든 정부의 반도체법에서 리쇼어링만 중요한 문제였던 게 아닙니다. 반도체법은 반도체법의 지원을 받는 미국 기업과 해외 기업이 중국과의 관계를 점점 단절하게끔 유도한, 가드레일 조항 같은 조치가 담긴 정책도 겸한다는 사실을 기억해야 합니다. 그리고 반도체에 대한 바이든 정부의 대중국 견제 정책이 트럼프 2기 들어와 더 확대되고 있습니다. AI 분야는 중국을 향한 디커플링decoupling(탈동조화)에 가까운 정책들이 표면화되고 있고요. 이런 흐름이 갑자기 만들어졌다기보다는 과거 구냉전 시절 미국이 효과를 봤던 정책들이 다시 한번 되살아나고 있는 것이라고 보아야 합니다. 미국은 이런 정책에 대한 확실한 레퍼런스가 있고, 효과를 극대화하기 위해 어디를 어떻게 통제해야 하는지를 잘 알고 있다는 겁니다.

다만 한 가지 차이가 있는 것 같습니다. 구냉전 시절에는 미국이 핵심 기술 통제권을 거의 독점하고 있었어요. 글로벌 공급망에 대한 사실상의 주도권이 미국에 있었기 때문입니다. 하지만 지금은 아까 차 선생님이나 김 선생님이 말씀하셨습니다만, 1990년대 이후 자유 무역 체제가 시스템으로 정립된 이후에는 글로벌 분업 구조가 완전히 고착화되었습니다. 여전히 미국이 반도체나 AI와 관련한 몇몇 핵심 기술에 대한 주도권을 가지고 있기는 하지만, 상당수의 공급망에 더 이상 미국의 지배력이 미치지 못하고 있습니다. 그래서 구냉전 시절 미국이 활용했던 기술 제재 위주의 경제 정책이 지금도 똑같이 통할 것인지 예측한다면, 꼭 그렇게 될 거라고 장담하기는 어렵다는 것입니다. 기술을 중심으로 한 신냉전 시대의 미국 패권 전략이 통할 것인가를 둘러싼 주요 변수 중 하나는, 미국에 주도권이 없는 몇몇 핵심 첨단 기술 영역에서 주도권을 가지고 있는 나라들을 어떻게 규합시킬 것인지의 문제라고 봅니다. 그래서 현 상황을 기술 안보라는 차원을 넘어, 더 큰 개념으로 포괄화된 '경제 안보 시스템'이라는 측면에서 바라볼 필요가 있지 않을까 생각합니다.

이유 있는 트럼프의 '뼹 뜯기' 전략

이희옥 세 분 말씀을 들어보니 미국과 중국이 커플링coupling(동조화)을 유지할 수도 있고 아니면 잠시 떨어졌다가도 다시 리커플링recoupling(재동조화) 할 것 같기도 하고, 한편으로는 회복할 수 없을 정도의 디커플링으로 갈 수도 있을 것 같네요. 그런데 문제는, MAGA라는 말이 'Make China Great Again'을 만들어 주고 있는 것 같기도 합니다. 이를테면 (미국이) 중국을 압박하다 보니까, 중국 스스로 '위대해지려는' 현상이 역설적으로 발생하고 있거든요. 미국이 중국을 지금처럼 강력하게 억제하려는 기조를 이어가려면 결국 동맹국들을 어떻게 관리할 것인가 하는 문제가 생기잖아요. 그런데 현재 트럼프 행정부의 동맹국 정책이라는 것들이… 좀 속된 말로 하면, 피도 눈물도 없는 것 같아요. 팔을 함부로 비틀고. 동맹국들조차도 저 국가(미국)가 우리의 동맹이 맞나, 이런 신뢰 위기에 봉착해 있거든요. 내가 생각하는 대로 상대가 행동할 때 신뢰가 생기는데 지금은 그게 다 깨져 있는 상태이고요. 게다가 동맹국들의 이런 신뢰

위기를 무릅쓰고 트럼프가 추구하고 있는 전략이 있죠. 그게 '인도-태평양 전략Indo-Pacific Strategy'일 수도 있고 과거의 '아시아-태평양 전략Asia-Pacific Strategy'일 수도 있는데요. 현재 트럼프가 구상하고 있는 전략의 가장 근본적인 의도와 속내, 좁게 말하면 동아시아 질서를 재편하기 위한 어떤 전략적 속셈이랄까요? 그게 과연 무엇일까요, 차 교수님?

차태서 어려운 문제죠. 과연 '트럼프 독트린'이 무엇이냐는 문제는 현재 미국 내에서도 큰 논쟁거리 중 하나입니다. 아주 극단적으로는 '없다'고 대답하는 쪽도 있고요. 특히 현실주의 진영에서 관련 논란이 가장 타오르고 있는데요. 사실 현실주의자들은 트럼프에게 일정한 기대가 있었습니다. 기존의 네오콘Neocon 또는 자유주의적 국제주의자liberal internationalist들이 탈냉전 이후 미국 외교 정책을 이끌었던 진영들이잖아요. 그런데 이들의 기조가 이라크전이나 대테러전 등에서 볼 수 있었듯 미국의 자원을 너무 많이 낭비했고 그게 미국의 쇠퇴를 가져왔기 때문에, 이제는 국익을 좁게 정의해 미국의 자원을 경제적으로 사용해야 한다는 게 현실주의자들의 주장입니다. 트럼프의 '미국 우선주의America First'나 MAGA가 어떻게 보면 이런 주장과 맞닿아 있는 측면이 있거든요. 2016년에 트럼프가 당선되었을 때, 일부 현실주의자들은 바로 이런 면에서 트럼프에 대해 상당히 기대했습니다. 랜달 슈웰러Randall Schweller나 존 미어샤이머John Mearsheimer 같은 학자들이 그런 기대감을 드러낸 적도 있고요. 그런데 이 현실주의자들이 봉착한 가장 큰 난관이 바로 동맹국 문제였어요. 도대체 (트럼프 정부가) 동맹국들에 왜 저러는 것인지 이해하기 어려웠거든요. 현실주의자가 보기에도 중국이 가장 큰 문제고 미국의 모든 국력을 집중해 중국에 대적해야 하는데, 그러자면 미국 자체의 국력도 키워야 하지만 중국에 맞서기 위해 동맹국들을 규합해야 하잖아요. 문제는 트럼프가, 아까 이희옥 교수님께서 요약해 주신 것처럼 동맹국을 막 쥐어박고 다닌다는 거죠. 이게 어떻게 보면 자해 행위와도 같은 거고요. 현실주의자들도 트럼프 정부의 이런 행보에 대한 해석을 어려워하고, 스티븐 월트Stephen Walt 같은 학자들은 '트럼프는 현실주의자가 아니다, 사람을 잘못 봤다'며

비판하는 상황까지 벌어지고 있는데요.

    이에 대한 트럼프 자신의 설명을 좀 들어 보자면요. 트럼프의 문제의식은, 트럼프의 언어를 그대로 인용하자면, '지난 30년 동안 동맹국들이 우리를 등쳐먹었다'는 인식이 굉장히 강한 것 같아요. 적국, 중국과 같은 경쟁 국가도 그렇지만 동맹국들이 미국을 너무 '빨아먹었다milking'는 표현을 썼습니다. 그래서 그 구조를 바꿔야 한다고 말해요. 동맹국들이 고통을 분담burden-sharing해야 하는 걸 넘어서서 동맹국과의 관계 자체를 바꿔야 한다는 생각인 거죠. 좀 더 구조적인 차원에서 설명해 보자면, 패권 안정 이론에 따르면 기존 패권국의 힘이 상대적으로 약해지는 시기에는 더 이상 자비로운 패권국으로서의 그 자비로움을 유지할 수 없습니다. 과거 사례를 보더라도, 영국도 그랬고 그 이전 패권국도 그랬고 (패권) 하강기에는 점차 약탈적인 모습을 보이게 되거든요. 지금 미국도 점점 더 단기적 국익에 집중하고 동맹국들로부터 조금씩, 어떻게 보면 '조공' 내지 '보호세'를 뜯어내려고 하는데, 이게 사실 과거 패권국에서도 어느 정도 보였던 모습이라는 겁니다. 즉 트럼프가 그렇게 특이

한 사례는 아니라는 거죠. 실제로 이를 통해 미국이 부활했던 적도 있습니다. 대표적으로 1985년의 플라자 합의Plaza Accord 같은 사례가 있죠. 미국은 1970년대에 석유 파동과 베트남전으로 깊은 수렁에 빠졌는데요. 이 상황을 역전시켰던 게 1980년대 레이건 행정부입니다. 당시 미국에 가장 큰 위협이 됐던 나라 중 하나가 일본이었잖아요. 그 일본의 팔을 비틀어서 인위적으로 엔고(평가 절상) 현상을 유도했고, 일본 제조업을 무릎 꿇렸던 게 바로 플라자 합의였죠. 일본은 그 뒤에 '잃어버린 10년' 혹은 '잃어버린 20년, 30년'까지로도 표현되는 극심한 장기 침체를 겪게 되었고요. 이런 식으로 미국이 상당한 강압력을 동원해 동맹국의 팔을 비틀고 그를 통해 국력을 부활시켰던 역사적 선례가 있습니다. 현 트럼프 정부의 행보 또한 과거 미국이 약탈적 패권국으로서 보여 주었던 패턴과 비슷하다고도 볼 수 있겠습니다.

미국은 정말 약해지고 있는가?

이희옥 기업이든 학교든 정부든 간에, '선택과 집중을 하자'는 슬로건을 내세운다는 건 그만큼 상황이 힘들다는 거거든요. 그러니까 미국이 지금 참 어렵기는 어렵구나 싶은데요. 최근 미국이 갚아야 할 부채 규모가 약 30조 달러, 이자만 8800억 달러 정도 되는 것 같아요. 그런데 미국 국방비가 7800억 달러 정도 되니까 이자보다 국방비 지출이 적은 상황인 거예요. 이를 두고 국제정치학자들은 '퍼거슨의 법칙Ferguson's Law[7]'이라는 용어를 사용하기도 하는데요. 김영한 교수님, 미국 경제가 정말 그렇게 어려운 상황인가요?

김영한 방금 말씀하신 대로 미국 공공 부채만 놓고 보면 현재 GDP의 110퍼센트에 달하는 규모입니다.

---

[7] 스코틀랜드의 계몽주의 철학자이자 역사학자 애덤 퍼거슨(Adam Ferguson)은 1767년 저서 《시민 사회의 역사에 관한 에세이》에서 과도한 공공 부채가 시민 사회를 위태롭게 한다고 지적했다. 이 개념을 영국의 경제사학자 니얼 퍼거슨(Niall Ferguson)이 '국가의 부채 이자 규모가 국방비 예산보다 커지는 지점인 퍼거슨 한계(Ferguson limit)를 넘어서면 그 국가는 패권을 상실하게 된다'는 퍼거슨의 법칙으로 이론화했다.

또 미국 경제, 특히 금융 시장의 안정성을 보여 주는 대표적인 지표 중 하나가 30년짜리 미국 국채 수익률인데요. 이 수익률이 5퍼센트 이상이면 미국 미래에 대한 시각이 매우 비관적이라는 이야기인데, 지금 5퍼센트를 넘기도 하고 매우 변동이 심하거든요. 이런 지표들만 봤을 때는 미국 경제의 미래에 대해 적어도 낙관적이지는 않은 기류가 느껴진다고 평가할 수 있습니다. 그럼 그 배경이 무엇인가 봤을 때, 중국 등 주요 경쟁국에 대한 미국의 경쟁력이 상대적으로 쇠락한 결과로 우선 이해할 수 있겠죠. 그런데 많은 언론에서도 이야기하듯, 최근 미국의 경제 관련 지표들이 보이는 부정적인 흐름은 오로지 트럼프 자신이 만들어 낸 거거든요. 트럼프 행정부 이전에는 미국 30년 국채 금리가 이렇게까지 높아진 적이 없습니다. 물론 차 교수님이 말씀하셨듯 예전에도 '체제 위기'라고까지 부를 수 있을 만한 국면이 있었죠. 하지만 지금처럼 무역 협상의 최종 의사 결정을 관세나 무역 구조에 대한 실무를 맡고 있는 상무부 장관이나 협상 실무 대표들이 하는 게 아니라, 매우 잘못된 정보를 가지고 있는 대통령이 즉흥적으로 했던 적은 없었습니다. 지금의 기형적인 미국의 모습은 '미국이 과연 시스템에 의한 합리적 의사 결정이 이루어지는 나라인가'라는 의구심을 키우고 있습니다. 미국 내 금융 투자자들 사이에서도 이런 불안감이 커지고 있고, 지금과 같은 정책 구조가 지속된다면 미국은 예측이 전혀 불가능한 국가가 되겠죠. 트럼프 자신도 내일 아침 자기가 어떤 결정을 할지 모르고 있고, 트럼프는 항상 '내일 두고 보자'는 식으로 이야기하지 않습니까. 그런데 비즈니스에서 최악의 상태가 바로 예측 불가능한 상태거든요. 예측이 가능한 불경기보다, 경제 상황에 대한 예측 불가능성이 투자자나 기업가를 비롯한 경제인들에게는 훨씬 더 불안하고 위험한 환경이죠. 그래서 제가 봤을 때, 현재 미국의 경제 규모는 1970년대와 1980년대 초반까지 전 세계 경제에서 미국이 차지했던 GDP 비중에 비해 줄어들고 있는 건 사실이지만, 그 자체로 미국 경제가 지속 불가능하게 쇠락한 것이냐 하면 그건 아니라는 생각입니다. 트럼프가 지금과 같은 예측 불가능성을 초래하기 전까지 세계 경제에서 유일하게 가장 높은 고성장을 보였던 게 미국이었고, 새로운 부가가치를 창출하고 있는 미국 IT 기업의 혁신 능력을 따라올 수 있는 경쟁 기업은 여전히 없는 상황이고요. 전 세계 경제에서 제조업이 차지하는 부가가치의 비중이 과거에 비해 절대적으로 감소한 건 사실이고, 오늘날 부가가치의 대부분은 결국 새로운 IT 서비스 산업에서 창출되고 있지 않습니까? 그런 차원에서 세계 경제의 혁신을 주도하고 있는 건 여전히 미국이기 때문에, 미국 경제가 완전히 쇠락하고 있고 지속 가능성이 낮다고 진단할 수 있는 근거는 매우 약한 것 같습니다. 단지 지금 보이는 지표의 불안정성은 트럼프가 만들어낸 불확실성 때문에 초래된 부정적인 사인인 거고, 트럼프가 지금처럼 행동하는 이유는 예측 불가능한 형태의 협박으로 동맹국에 소위 '삥 뜯기' 전략을 취했을 때 가장 많은 정치적 지지를 얻을 수 있다는 걸 트럼프 스스로 알고 있기 때문이겠죠. 과거 1기 때도 이런 식으로 재미를 봤던 거고, 1기 때 봤던 그 정치적 재미를 2기 때 좀 더 집중적으로 보겠다는 그런 의도로 이해하고 있습니다.

이희옥 '초보 선장은 파도를 걱정하고 노련한 선장은 안개를 걱정한다'는 일본 속담이 있습니다. 트럼프는 둘 다 걱정해야 하는 것 같아요. 그래서 우리가 미국에 어떻게 대응해야 하는지 그 전략에 대한 고민도 점점 깊어지고 있는 게 아닌가 합니다. MAGA와 트럼프의 미국, 미중 신냉전 구도 등을 주제로 나누어 본 이번 대담은 이쯤에서 마무리하도록 하겠습니다.

2장

미중 경쟁, 어떻게 바라봐야 하는가

이희옥 미국 국무장관인 마르코 루비오Marco Rubio는 여러 차례에 걸쳐 냉전 이후 이어져 온 미국 중심 자유주의 국제 질서를 부인하고 미국과 중국의 G2 체제 또는 다극 체제의 출현을 인정하는 발언을 했습니다. 이는 중국이 대외 전략 슬로건으로 삼고 있는 '국제관계민주화[8]'나 '조화세계和谐世界[9]' 등의 기조와도

---

8 시진핑 정부가 표방하는 중국의 대외 전략 구호로, 미국 주도의 패권 질서를 저지하고 다극적 질서 구축을 통해 국제 체제에서 중국의 주도적 영향력을 확보하려는 의도를 내포한다.

9 후진타오 정부 시절 등장한 중국의 대외 전략으로, 21세기 초반 이후 급성장한 국력을 배경으로 기존 대외 노선을 전환하며 제시되었다. 그 핵심은 단극 체제 극복과 다자주의 지향에 있었다.

딱 맞아떨어지거든요. 세계는 정말 이런 질서로 향하고 있는 걸까요? 이번에는 이 질문과 함께 대담을 이어 가려고 합니다.

우선 차태서 교수님께 질문합니다. 영국의 총리였던 헨리 존 템플Henry John Temple은 "오직 국익만이 영원하고 우리는 그것을 따라야 할 의무가 있다"라는 아주 유명한 말을 남겼죠. 키신저Henry Kissinger가 이를 패러디해 "미국에는 영원한 친구도, 적도 없다. 오직 국익만이 있다"라는 말을 남기기도 했고요. 데탕트 이후 미중 관계를 이 관점에서 바라본다면, 지금 벌어지고 있는 다극 체제 현상을 어떻게 설명할 수 있을까요?

미국의 '배은망덕 프레임'

차태서 아무래도 현 세계 질서의 변동을 이해하려면 장기적인 시야를 가지고 미중 관계의 역사를 리뷰해 볼 필요가 있을 것 같습니다. 아시다시피 현대 미중 관계는 완전히 적대적인 관계에서 시작했죠. 중국의 국공 내전과 이후 한국 전쟁이 그 출발점이었습니다. 그렇다 보니까 미국에 있어서 중국은 철저히 '외부자'였고, 2차 대전 후 형성된 샌프란시스코 체제에서 배제된 존재로서 중국을 인식했었죠. 그런데 1970년대에 이르러 데탕트가 미중 관계의 큰 변곡점이 됐습니다. 이후 냉전 질서 아래에서 미중 관계는 일종의 암묵적 동맹 관계로 급속히 전환되었어요. 물론 공식적인 동맹은 아니었지만, 미국과 중국은 소련에 대항하기 위해 편의적이고 비대칭적인 협력 체제를 구축했습니다. 이러한 구조가 1970년대 이후 1980년대까지 이어졌고요. 이후 또 한 번의 큰 변곡점이 1990년대 탈냉전기 상황이었던 것 같습니다. 90년대 들어 미국은 중국과의 편의적인 동맹 관계를 넘어서서, 중국을 아예 미국 주도의 자유 세계 질서 속으로 동화시켜 보자는 목표가 있었던 것 같아요. 자유주의 기조 아래 '관여와 확장 Engagement and Enlargement'의 패러다임 속에서 중국을 바라봤던 것이죠. 그 대표적 사례가 바로 2001년 중국의 WTO 가입을 적극 지지한 일이었습니다. 중국을 우선 경제적으로 자유화시키고 나아가 정치적 자유화와 민주화를 유도해 미국이 만든 정치 경제적 표준에 중국을 완전히 흡수시키겠다는 의도가 있었던 것 같습니다. 그 패러다임이 2000년대 초반까지도 계속 이어졌죠. 그래서 부시, 오바마 시기까지도 중국을 미국 주도 자유 세계 질서의 한 일원으로 보았고, '책임 있는 이해 상관자 responsible stakeholder'라는 표현도 그때 나왔습니다. '차이메리카Chimerica' 같은 표현도 부시, 오바마 시절에 쓰였고요. 그런데 오바마 정부 후반부터 그런 자유주의적 패러다임에 일정한 균열이 관찰되기 시작했습니다. 2010년대 초반부터, 중국이 경제적으로는 자유 무역 질서에 들어와 큰 성장을 했는데 정치적으로는 자유 민주주의적 표준에 전혀 동화되고 있지 않는 것 같다는 생각이 확산되기 시작했어요. 더 나아가서 중국은 미국 주도의 국제 질서에 저항하는 것 같다, 그 질서를 타파하려는 것 같다는 의심까지 싹 트기 시작했죠. 그래서 오바마 2기 행정부는 '아시아 회귀pivot to Asia'나 '재균형rebalancing' 같은 전략을 통해 아시아에서의 영향력을 다시 강화하려 하기도 했습니다.

    이런 기조가 결정적인 전환을 맞게 된 시기가 바

로 트럼프 1기입니다. 2017년에 발표됐던 미국 국가 안보 전략National Security Strategy, NSS은 중국을 수정주의 국가revisionist power로 딱 규정했죠. 중국을 기존 미국 주도의 자유 세계 질서 또는 규칙 기반 질서에 도전하는 국가로 보기 시작한 겁니다. 그리고 '우리는 강대국 간의 전략 경쟁 시대에 들어왔다'고 천명했고요. 저는 이걸 '배은망덕 프레임'이라고 이름을 붙였는데요. 미국이 생각했을 때, 미국은 그동안 중국에게 '은혜'를 베풀어 왔어요. 구냉전 시기에는 샌프란시스코 체제 밖에 있던 국가를 구해다가 일종의 암묵적 동맹국으로서 자기 편으로 받아들여 주었고, 탈냉전기에 와서는 먹이고 재워 줬다는 거죠. 자유 세계 질서 안에 편입될 기회도 주고 성장시켜 줬더니, 이제 와서 중국이 갑자기 뒤통수를 치고 오히려 자유 세계 질서를 엎으려고 한다는 게 미국의 생각입니다. 이런 중국에 《프랑켄슈타인》 소설의 비유를 쓰기도 합니다. 지금의 중국이 자기(미국)가 스스로 만들어 낸 괴물이라는 거죠. 이런 생각을 바탕으로 전면적인 무역, 관세, 기술 전쟁이 트럼프 1기에서부터 시작돼 지금까지 쭉 이어져 오는 상황인 것 같습니다.

특히, 앞서 언급하셨던 인도-태평양이라고 하는 새로운 공간 패러다임이 가장 중요한 핵심인 것 같은데요. 과거 이 지역을 가리켜 미국이 사용해 온 표현은 아시아-태평양이었습니다. 아시아-태평양은 원래 경제 용어로, 이 지역을 경제적 통합 및 상호 의존의 틀 속에서 바라보려는 개념이었습니다. 그런데 인도-태평양은 처음부터 지정학적 구상을 담은 개념입니다. 이 지역을 중국에 대한 대항 균형counterbalancing의 장으로 활용하고, 세력 균형 연합을 구축하는 공간으로 재편하려는 전략적 의도가 반영된 개념이죠. 그리고 그 밑에 깔려 있는 최종 의도는 결국 '중국을 어떻게 봉쇄할 것인지'고요.

미중 경쟁은 피할 수 없는 '운명'인가?

이희옥 말하자면 지금 세계관이 충돌하고 있는 거네요. 그런데, 서로 비난하면서 닮는다는 말이 있잖아요. 미국은 중국이 국가 자본주의를 추구한다고 그렇게 비난하면서 지금 그걸 그대로 따라 하는 중인 것 같고요. 앞으로의 미중 관계는 대결과 경쟁 영역이 넓어질 것 같고, 이대로 간다면 협력의 장은 위축될 가능성이 높지 않겠어요? 차 교수님께서도 말씀하셨듯 미국이 중국을 수정주의 국가로 보고 있다는 건 거의 분명한데, 혹시 경제적 측면에서도 그를 뒷받침할 논거가 있을까요? 그리고 앞으로 대결, 협력, 경쟁 중 어떤 구도가 더 두드러질 것 같습니까?

김영한 일단 중국에 대한 현재 미국의 경제 정책 틀은 이런 배경을 가지고 있습니다. 중국은 2001년 WTO에 가입한 이후 미국 경제, 특히 미국의 탈제조업화에 결정적으로 기여했습니다. 미국 제조업의 상당 부분이 중국 제조업에 의해 대체되었죠. 이 과정에서 미국 내 제조업은 비교 우위가 아니라 비교 열위 산업으로 전락했고, 그 결과 대부분의 제조업 부문에서 엄청난 규모의 과도기적 실업이 발생했습니다. 노동자뿐 아니라 제조업 생산에 투입되던 여러 생산 요소들 자체가 실업 상태에 빠지게 되었죠. 문제는 이후 노동력과 생산 요소들이 원활하게 재배치되지 못했다는 것입니다. 소득 불균형 누적, 전통적인 제조업 일자리의 지속적 감소 등 여러 충격이 겹쳐 나타났고요. 이를 경험한 미국 유권자들은 결국 그 모든 원인이 '중국 때문'이라고 생각하게 된 겁니다.

그런데 비교 열위 부문에 고용되어 있던 노동자 사이에서 특히 만연했던 이러한 대중국 인식을, 공화당뿐만 아니라 민주당도 경쟁적으로 이용했습니다. 중국이 미국을 불행하게 만들었다거나, 노동자 대부분의 실질 소득이 50년 전과 별 차이가 없는 지금의 상황을 초래한 국가가 중국이라면서요. 이 과정에서 미국의 경제 및 산업 정책은 자연스럽게 '중국에 대한 경쟁력 확보'로 무게가 쏠리기 시작했습니다. 그 결과 양국 간 경제 주도권 다툼이 더욱 격화되었고, 지정학적 리더십 경쟁과 맞물리며 확대 재생산되어 왔습니다. 최근에는 그 경쟁이 기술 분야로까지 확장되며 갈수록 심화하고 있는 것 같습니다.

이희옥 교수님, 그런데 한 가지 재미있는 현상은 중국이 미국과 이렇게 갈등을 겪고 있으면서도 중국에 들어온 월마트나 애플, 테슬라 같은 미국 기업에는 손을 안 대거든요? 아마 미국 기업이 중국 경제와 굉장히 밀접하게 얽혀 있다고 생각하는 것 같아요. 미중 간의 갈등 구조 속에서도 혹시 경제 협력이 이루어질 수 있는 여지가 있는 걸까요?

김영한 양국 간의 상호 경제적 의존도는 이미 매우 심각합니다. 디커플링, 디리스킹 이야기가 나오고 있지만 이런 이야기가 나오는 것 자체가 의존이 그만큼 깊다는 반증이죠. 예를 들어 미국인이 쓰는 소비재 중 거의 대부분이 중국으로부터 들어오고 있고요. 적어도 소비재 산업에 있어 미국의 대중국 의존은 이제 거스를 수 없게 되었습니다. 이런 상황에서, 최근 중국에 대한 미국의 여러 무역 규제나 강력한 보호주의적 조치는 첨단 기술 부문에서의 비교 우위를 유지하기 위한 일종의 몸부림입니다. 또한 중국으로부터의 소비재 수입이 단 하루라도 중단되면 미국 사회에 큰 혼란이 발생한다는 것은 이미 기정사실인 만큼, 제가 봤을 때 디커플링은 그냥 정치적 수사인 것 같습니다. 디커플링이라는 용어를 사용하면 미국 유권자들로부터 더 많은 표를 얻을 수 있을 거라는 정치인들의 계산에 의한 것이죠. 지금은 첨단 기술 부문에서의 양국 간 경쟁이 돌이킬 수 없을 만큼 치열해 보이지만 미국의 경제나 정치 시스템이 국내적으로 안정성과 지속 가능성을 얻게 된다면, 그리고 미국 유권자의 절반가량이 절망하고 있는 여러 상황이 개선된다면 지금과 같은 첨단 기술 부문 경쟁 구조도 바뀔 수 있지 않을까 생각합니다. 즉, 저는 지금의 소모적인 양국 간 경쟁 구조가 미국의 지속 불가능한 경제 및 정치 시스템이 외부적으로 표출된 결과이지, 미중 기술 경쟁이 피할 수 없는 운명적 대결이라고는 생각하지 않습니다.

미국의 중대한 오판

이희옥 그렇다면 과학 기술 분야에서의 미중 경쟁은 어느 정도 관리와 조율이 가능할까요? 아니면 현재 양국이 '바닥을 향한 경쟁race to the bottom'을 하고 있는 형국일까요?

권석준 두 분 선생님께서 말씀을 많이 해 주셨습니다만, 미국 스스로는 글로벌 무역 시스템에 크게 의존하지 않는다고 얘기하지만 실제로는 1990년대 이후 자유 무역 구조 하에서 경제 팽창을 해 오며 덕을 많이 봤던 게 사실입니다. 그동안 글로벌 자유 무역 시스템이 미국의 주도로 흘러갈 수 있었던 몇 가지 이유가 있는데요. 우선 달러 패권이 잘 보장되어 왔습니다. 그리고 그 달러 패권이 잘 보장될 수 있도록 막강한 군사력을 기반으로 세계 곳곳에 안보 자산 투자를 해 왔고요. 무엇보다도 미국은 남들보다 앞서 차세대 산업 분야에서의 기술 혁신을 이끌 수 있는 R&D 능력을 갖추고 있었기 때문에, 글로벌 분업화가 이렇게 시스템화된 이후에도 주도적으로 세계 경제를 이끌 수 있었습니다. 그런데 한 가지 생각해 보아야 할 점은, 글로벌 분업화가 고착화된 이후에도 반도체를 포함한 대부분의 첨단 산업 영역이 잘 돌아갈 수 있었던 가장 중요한 이유가 바로 '기술 호환'이 가능해졌기 때문이라는 사실입니다. 예를 들어, 하이닉스와 삼성에서 D램을 만들죠. 미국의 대표적인 메모리 반도체 제조사인 마이크론도 D램을 만듭니다. 각 기업은 서로 다른 D램을 만드는데, 이 D램들이 하나의 머더보드 Motherboard 안에서 잘 통용이 되거든요. 이게 가능한 이유는 하나의 기술적 표준을 준용하고 있기 때문입니다. 이런 기술 호환성이 주는 이점은 굉장히 큽니다. 만약 기술 표준이 두 가지 이상이라면 한 공장에서 서로 다른 기준의 제품을 만들어야 하니까요. 즉 기술 호환성이 보장되지 않으면 불필요한 비용을 낭비하게 되는데, 하나의 표준이 있다면 그 체계 안에서 비용 낭비 없이 누구나 지금의 기술을 발판 삼아 다음 단계 기술 개발에 매진할 수 있죠.

그리고 또 하나, 표준뿐만 아니라 로드맵도 하나로 공유하고 있었습니다. 예를 들어 만약 16메가 반도체가 시장에 통용되던 중 기술이 발전해 2년 후에는 64메가 반도체를 생산할 수 있게 된다면, 이 경우 어떤 규격을 채용해야 하는가의 문제가 생기죠. 이런 부분에 대해서 그동안 한 정부가 주도권을 가지기보다는 글로벌 기구들이 우선 표준을 만들고, 아직 표준화되기 전 단계지만 그다음 단계로 넘어가야 하는 기술의 로드맵에 대해 주기적으로 위원회 등을 꾸려서 잘 협의해 왔습니다. 지금까지 이런 체계를 효과적으로 구성해 왔어요. 대표적으로 반도체의 경우 국제반도체표준협의회 JEDEC나 국제전기기술위원회 IEC, 국제표준화기구 ISO, 공업기술연구원 ITRI 같은 여러 기구들이 잘 작동해 왔죠. 그래서 아까 김 교수님이 말씀하신 것처럼, 미국이 정말로 디커플링을 추진한다고 하더라도 글로벌 분업화가 주는 기술 호환성과 로드맵의 통일성, 그리고 상호 기술 혁신을 통한 비용 절감이라는 이 장점들을 쉽게 포기하기는 어려울 겁니다. 그래서 대놓고 디커플링을 하지는 않더라도, 적어도 중국이 그다음 단계의 기술로 넘어가는 과정에서 그 진입을 늦추고 싶어 합니다. 진입을 완전히 막을 수 없다는 걸 알고 있고 또 막아서도 안 된다는 것도 알고 있지만요. 미국의 이런 태도를 '슬라이딩 스케일 sliding scale' 전략이라고 하는데요. 미국은 중국과 충분히 기술 격차를 벌리고 있는 상황에서 중국이 어느 정도까지는 따라오는 걸 허용하고 있지만, 격차가 통제할 수 없는 속도로 갑자기 좁혀지는 일을 확실히 경계하고 있고, 격차를 일정 수준 유지하면서 계속 혁신의 주도권을 쥐기를 원하고 있습니다. 전임 바이든 정부의 국가안보보좌관 제이크 설리번은 이 격차를 더 넓혀야 한다고 강조하기도 했고요.

그런데 여기서 한 가지 맹점이 있습니다. 미국이 지금까지 혁신을 주도할 수 있었던 이유는 오로지 미국의 능력 때문만이 아니거든요. 물론 달러 패권도 있고 미국이라는 나라 자체가 워낙 막대한 부를 지닌 나라이긴 하지만, 제가 봤을 때 미국이 지금까지 혁신을 주도할 수 있었던 가장 큰 이유는 무엇보다도 전 세계에 걸쳐 '혁신의 마인드'를 갖춘 잘 훈련된 인력들을 그야말로 스펀지가 물 흡수하듯 빨아들였기 때문입니다. 그런데 이제는 미국이 점차 폐쇄주의적인 방향으로 가고 있어요. 2025년 하반기에 발표된 것처럼 H1 비자 비용을 100배로 증가시키는 등, 이민자들에 대한 문호 자체도 좁아지고 있고, 이민자들도 더 이상 예전의 방식으로 '아메리칸 드림'을 좇으려 하지 않습니다. 왜냐하면 이민자가 성공을 꿈꿀 수 있는 산업 영역이 굉장히 좁아지고 있기 때문입니다. 큰 성공을 기대할 수 있는 산업은 이제 대부분 AI나 IT, 일부 서비스업 같은 영역 정도입니다. 예를 들어 제가 유학을 떠날 때만 하더라도 석유화학 분야 연구자들이 미국으로 향하는 경우가 있었거든요. 요즘 한국 학생들은 아무도 석유화학 공부를 위해 미국으로 박사 유학을 떠나겠다고 이야기하지 않습니다.

여전히 특정 주요 과학 기술 분야에서는 미국이 혁신의 원동력을 가지고 있기는 하지만 그런 분야의 범위가 극단적으로 좁아지고 있고, 미국이 주도권을 잃은 그 빈 공간을 중국을 포함한 많은 신흥국들이 채우고 있습니다. 어떻게 보면 이제 미국은 쫓기는 신세가 된 거죠. 과학 기술 영역에서의 혁신을 지금까지는 당연하다는 듯 주도해 왔었는데 상당 부분 따라 잡혔고, 심지어 미국이 그동안 다 외주를 주다시피 했던 주요 제조업 분야는 중국이 양적 확대를 넘어 최근에는 질적 도약을 이루고 있습니다. 그래서 '저 영역에서도 혁신이 나올 수가 있나' 싶은 케이스들이 중국에서 최근 많이 나타나고 있고요. 미국은 지금까지 이렇게 생각했을 수도 있습니다. '중국 경제가 계속 성장해 1인당 GDP가 일정 수준 이상으로 높아지고 나면 더 이상 인건비를 감당할 수 없으니, 중국 제조업도 (우리가 그랬던 것처럼) 다른 나라로 또 이전될 것이다.' 그런데 중국은 제조업을 포기하지 않았고, 오히려 무인화를 이룬다든지 AI를 이용해서 산업을 전환한다든지 하는 식으로 제조업을 더 고도화시키고 있습니다. 이런 부분에서 미국이 상대를 잘못 판단했던 게 아닌가 싶어요. 또 하나, 중국은 이제 미국이 주도해 온 기술 혁신의 경로를 단순히 따라가는 데 그치지 않고 새로운 영역을 개척하며 일종의 '기술적 우회로'를 구축하는 모습도 관측되고 있습니다.

결과적으로 이젠 미국이 디커플링이라는 카드를 꺼내 들고 중국을 견제하는 게 점점 어려워지고 있고, 반대로 중국은 설사 미국이 디커플링을 정책적으로 내세우며 대외 정책을 완전히 '대중국 포위 작전'으로 가져간다고 하더라도 웬만한 것들이 대부분 다 내재화나 자급화되어 타격의 파급이 제한되는 상황으로 조금씩 역전되는 구도가 보이고 있습니다.

미중 관계, 이런 접근은 반드시 경계해야

이희옥 세 분 교수님 말씀을 들으니, 중국의 국력을 어떤 수준으로 평가하는지가 결정적인 변수인 것 같습니다. 그런데 미국이 중국을 보는 시선, 중국 국력에 대한 평가에는 의도적인 오해도 있는 것 같아요.

지금 추세로 간다면 중국의 국력이 미국을 대체하는 건 거의 불가능할 것이라고 보이거든요. 최근에는 명목 GDP조차도 중국이 미국을 추격하는 것은 어렵다는 여러 조사 결과가 나왔어요. 제가 중국을 관찰하면서 본 것은, 우선 중국은 군사력 면에서 글로벌 수준이 아니에요. 글로벌 군사 투사력 global military reach이 미국에 필적할 수가 없죠. 그러니까 패권국이 될 수 없는 거거든요? 또, 중국은 기축 통화 국가가 아니고 경제력의 질이 좋다고 할 수 없어요. 1인당 GDP가 이제 1만 4000달러 정도고, 아직 중진국 함정을 극복하느냐 그러지 못하느냐의 문제가 남아 있어요. 게다가 에너지 거버넌스 없죠, 소프트 파워도 부족하죠. 정치, 사회적 리스크도 있고요. 인구의 질 또한 대단히 나쁩니다. 중위 인구가 들쑥날쑥하거든요. 10년마다 인구 정책을 새로 수립해야 할 정도예요. 지금 중국의 기술 발전 속도가 아무리 빠르다 하더라도 이를 떠받치는 창의력의 기반은 여전히 한계가 있습니다. 여러모로, 중국의 종합적인 국력이 크게 발전하고 있는 것처럼 보이지만 그게 '질 좋은 발전 quality development'은 아닐 수도 있겠다는 생각이 듭니다. 성장 추세 자체는 굉장히 빠르지만 그게 실질적인 역량 축적으로 이어지는 데에는 분명 한계가 있다고 생각하고요. 그래서 중국은 스스로 "G2 아니다"라고 하거든요. 일종의 말장난인데, '질투嫉妬'를 중국어로 읽으면 '지두'로 발음되거든요. 우리는 G2 국가가 아닌데 미국이나 서방이 우리를 질투해 일부러 G2로 올려놓고 흔들어 대며 필요 이상으로 견제한다는 거죠. 그렇다면 중국은 대체 어떤 국가냐고 물어보면, 중국은 "우리는 세계에서 가장 큰 개발 도상국"이라고 합니다. 중국은 공식 석상에서 스스로를 강국이라고 하지 않아요. 2049년도가 중화인민공화국 건국 100주년인데요. 그때 '현대화된 사회주의 강국을 건설하겠다'고는 말한 적 있습니다. 굉장히 먼 목표죠. 그리고 만약 중국이 미국과 '존재를 건 싸움'을 해 보고 싶어도, 협상 결렬 비용이 너무나 커요. 그 판이 깨질 때 누가 더 손해냐, 중국이 월등하게 손해거든요. 중국이 패권 경쟁이라는 표현을 쉽게 쓰지 못하는 이유도 거기에 있고요.

　이런 여러 가지 문제들을 우리가 좀 섬세하게 들여다볼 필요가 있습니다. 미국은 현 상황을 어떻게 보고 있을까요. 미소 냉전기에는 소련의 국력이 미국 국력의 절반 수준에도 미치지 못했어요. 그런데 지금 중국이, 대략 65퍼센트에서 70퍼센트까지 추격해 왔거든요. 미국 입장에서는 한 번도 경험해 보지 못한 도전 국가를 만난 상황인 거예요. 이로부터 비롯된 어떤 '공포'가 중국을 강력하게 때리는 정책으로 나타나는 측면들이 있거든요. 저는 이런 상황까지 종합적으로 고려하면서, (미국과 중국의) 경쟁과 협력 그리고 대결 국면들을 구분할 필요가 있다고 생각하는데요. 그래서 차 교수님께 한번 여쭤보려고 하는데, 우리 학계에서는 미중 관계를 어떻게 해석하고 있는지 말씀해 주실 수 있을까요? 또 우리 학계가 미중 관계를 어떤 프레임으로 바라보고 있다고 생각하시는지, 그 틀이 국가 이익이나 객관적 현실을 이해하는 데 어떤 도움이 될 수 있다고 보시는지요.

차태서 먼저, 미국이 중국의 국력을 어떻게 파악하고 있는지에 대해 보충 설명을 드리고 싶은데요. 말씀대로 현재 미국에서는 중국에 대한 굉장한 경계심이 분명 주류적 분위기입니다. '중국이 너무 컸다.' 그래서 아까 말씀드린 것처럼 배은망덕 프레임이라는 게 한편에 강고하게 자리하고 있고, 그게 서구 세계가 과거 중국에 대해 보였던 황화론Yellow Peril과도 같은 형태로 존재하고요. 그런데 다른 한편에는, 최근에 '피크 차이나Peak China' 같은 얘기도 한창 나왔잖아요. 중국의 성장에 한계가 있다, 중국은 미국을 따라잡을 수 없다 하는 일종의 수정주의적인 흐름이 존재했거든요. 스티븐 브룩스Stephen Gallup Brooks나 윌리엄 울포스William Wohlforth 같은 사람들은 중국이 현재 지표상으로는 매우 많은 군사비를 지출하고 있는 것 같지만, 사실 군사력은 단기적으로 당장 얼마를 투자하고 있느냐의 문제가 아니라 수년, 수십 년 그 역량이 쌓이고 쌓이며 개발되는 것이기 때문에 중국이 지금 당장 군사력에 얼마를 투자하고 있는지는 그렇게 중요하지 않을 수 있다고 이야기하기도 합니다. 마이클 베클리Michael Beckley는 GDP 같은 총량 지표는 중국이나 러시아처럼 '인구가 많은 빈국'이라면 얼마든지 눈속임이 가능한 지표다, 인구가 많은 국가는 국내 치안 유지나 복지에 워낙 많은 비용이 들어가기 때문에 아무리 GDP가 커 봐야 사실은 속 빈 강정이다, 해외 투사할 수 있는 비용은 사실 얼마 남지 않는다는 이야기들을 하기도 하고요.

다만 피크 차이나에 대한 미국 내 담론은 조금 주의해서 볼 필요가 있다고 생각합니다. 무슨 얘기냐 하면, 피크 차이나 담론이 '중국의 성장에는 한계가 있으니 우리가 별로 신경 쓸 필요가 없다'는 결론으로 향하는 게 아니라, 미국의 대중국 강경파들이 피크 차이나 담론을 자신들에게 유리한 쪽으로 적극 활용하고 있기 때문인데요. 2차 대전 시기 일본에 대한 비유와 연결 짓는 경우가 많습니다. 일본이 왜 진주만을 공습했는가 하면, 시간이 흐르면 흐를수록 일본은 미국을 따라잡기가 더 어려워지기 때문에 절망적인 마음으로 '나중에는 미국과의 국력 차이가 더 벌어질 테니 차라리 지금 공격하는 게 나중에 공격하는 것보다 낫다'고 판단해 진주만을 공격한 것이라는 비유인데요. 지금 중국도 시간이 지나면 미중 격차가 더 벌어질 거라는 걸 알기 때문에 일본이 그랬듯 중국도 절망적인 마음에서, 예를 들면 2027년에 대만을 공격할 거다, 미국의 대중국 강경파들은 이런 이야기를 해요. 이렇게 피크 차이나 담론, 그러니까 중국의 성장에 한계가 있다는 담론을 사실 중국에 대한 굉장한 매파가 활용하는 측면이 있습니다. 그렇기 때문에, 미국 내 중국 국력에 대한 담론이라는 것이 어떤 객관적이고 과학적 담론인 것처럼 보이기도 하지만 사실은 굉장히 이데올로기적인 차원에서 소비되는 면이 있다는 걸 같이 고려할 필요가 있고요.

한국 학계가 미중 경쟁을 바라보는 프레임이 어떠하냐는 문제 또한 어려운데, 사실 아시는 것처럼 단일 프레임만 있는 게 아닙니다. 그리고 매우 정치적인 문제이기도 합니다. 미중 관계를 어떻게 보느냐가 한국에서는 진보와 보수를 가르는, 자신의 정치적 입장을 결정하기까지 하는 문제죠. 정치학 용어로는 '분열적 쟁점 polarizing issue'이라고 하고요.

제가 해석하기로는, 지난 정부는 미중 관계가 결국은 신냉전으로 가고 있다고 판단했던 것 같아요. '우리는 전 세계가 두 개의 진영으로 갈라지는 과정 속에서 전략적 명확성을 추구해야 한다'는 기조로, 한미일 협력을 강화하는 방향으로 일종의 베팅을 했었고요. 반면 현 정부는 전략적 모호성을 다시 강화하고 헤징 전략hedging[10]으로 가야 한다고 판단 중인 것 같습니다. 그래서 저는, 지금까지 우리가 갖고 있던 단극 시대의 외교 전략 프레임은 이제 그 기본 전제 자체가 무너졌다는 것에 동의를 해야 한다고 생각해요. 미국 단일 패권이 유지되던 상황은 이제 끝났다는 거죠. 우리가 예전처럼 자유세계 질서가 전제된 상태에서 중견국으로서 미중 관계를 관리할 수 있다든지, 미국이 중심이었던 자유 무역 질서 내에서 우리가 계속해서 활동할 수 있다든지 하는 가정들은 이제 성립이 불가능하다는 것을 인정해야 합니다. 또한 어떤 하나의 이념적인 기준만으로 지금의 상황을 명확하게 이해하고 해석할 수 있다고 쉽게 접근하다가는 과거 구냉전 시대 이데올로기 전쟁 속에서 우리가 맞닥뜨려야 했던 고난에 그대로 함몰돼 버리는 상황이 다시 올 수 있습니다. 즉, 저는 미중 관계를 정치화된 구도나 특정 프레임만으로 이해하는 것을 가장 경계해야 한다고 생각하고 있습니다.

---

10 본래 금융 용어로, 정치학에서는 불확실한 국제 정세 속에서 위험을 최소화하기 위해 어느 한 편만을 선택하지 않고 다층적 관계를 유지하며 위험을 분산하려는 외교 전략을 뜻한다.

이희옥   차 교수님 말씀 잘 들었습니다. 지금까지 디커플링 얘기도 있었고, 리커플링 얘기도 나왔었고요. 한참 논의됐다가 지금은 사라진 디리스킹 얘기도 있잖아요. 학교에서 학생들을 가르치다 보면 제일 어려운 순간이 바로 성적을 부여하는 시간이죠. 저희 모두 학생들을 오래 가르쳐 왔으니, 학점을 부여하는 방식대로 평가를 제안해 보겠습니다. 디커플링을 10점으로 놓고요. 리커플링을 0점으로 놓고 디리스킹을 5점으로 놓으면, 국제 정치적으로는 지금 몇 점입니까, 차 교수님?

차태서   미중 관계 측면에서요? 한 6~7점 정도인 것 같습니다.

이희옥   음, 6~7이면 거의… 경쟁이 굉장히 치열해진 상태가 된 거군요. 김영한 선생님, 경제적으로는 어떨까요?

김영한   저는 3~4점 정도?

미중 관계 레볼루션

이희옥   3~4점.

김영한   예. 디커플링과 디리스킹을 외치고는 있지만, 그리고 그렇게 해야만 하는 정치적 필요성 또한 느끼고 있다고 생각하지만 실질적인 상호 의존도는 3~4점, 혹은 그 아래인 2점.

이희옥   권석준 선생님은?

권석준   과학 기술 분야는 아이템마다 점수가 다른 것 같습니다. 반도체 같은 경우에는 미국이 현재 상당 부분 디커플링 쪽으로 치우치고 있어서 아까 차 교수님이 말씀하신 6~7점 정도까지 간 것 같고, AI 쪽은 예전에는 한 3~4점 정도였다가 요즘은 5~6점 정도로 올라가고 있는 것 같고요. 배터리 쪽은 오히려 중국이 이 분야를 주도하고 있어서 그런지 거의 한 7~8점까지 간 것 같고, 바이오 쪽은 여전히 2~3점 정도로 낮은 것 같습니다. 이렇게 분야마다 점수가 다르다는 것 자체가, 저는 굉장히 흥미로운 논쟁거리를 안겨 준다고 보는데요. 이제 미국은 어떤 나라에 대해서 하나의 뭉뚱그려진 대외 정책을 펼치기가 점점 어려워질 것이라 생각합니다. 예를 들어, 배터리나 전기차 같은 경우에는 미국이 중국을 제재할 수 있을 만한 포인트가 그렇게 많지 않습니다. 배터리 소재, 전해질, 가공, 셀 기술 등 전기차 핵심 기술은 현재 대부분 중국이 주도하고 있으니까 오히려 중국이 미국을 제재하면 했지 미국이 중국을 제재하기는 어려운 것 같고요. AI 모델이나 반도체 같은 경우에는 여전히 미국의 주요 테크 기업들이 주도하고 있으니까, 미국이 마음만 먹으면 지금 중국의 AI 발전 속도를 꽤 늦출 수 있을 겁니다. 이런 식으로 이제는 기술 영역이 점점 더 다변화, 분화되고 있어서, '디커플링으로 간다' '디리스킹으로 간다' '리커플링으로 간다'와 같은 단일한 정책 방향으로 정리되기보다는 훨씬 더 세부적으로 구체화할 가능성이 크다고 봅니다.

'피크 차이나론'의 실체?

이희옥 조금 전에 이야기 나누었던 주제 중 하나로 잠깐 돌아가 보려 합니다. 차 교수님께서 피크 차이나론 이야기를 하셨는데요. 제가 중국을 전공하면서 내린 해석은 조금 달라요. 이제 중국의 인구가 줄기 시작했어요. 작년에도 한 200만 명 줄었죠. 이 거대한 나라가 인구가 줄고 노동력이 부족해지면 과연 어떻게 생존할 수 있을까요. 또, 지방 정부 부채가 굉장히 늘어났어요. 규모로는 한화로 한 8000조 원 정도 돼요. 그래서 올해는 지방이 마음껏 돈 좀 쓰라고 1000조 정도를 중앙에서 지방에 지원했거든요. 이 밖에도 부동산 거품이나 성장 잠재력 저하 등 여러 가지 문제를 종합해 보면, 중국은 이제 점점 기회의 창은 닫히고 취약성의 창이 열리기 시작한 게 아닌가. 아까 차 교수님께서 여러 사례를 들어 주셨지만 제1, 2차 대전에 독일과 일본이 보였던 패턴, 즉 기회의 창이 닫히기 전, 취약성이 열릴 무렵에 외교 전략이 매우 공세적으로 흐르고 침략 전쟁으로까지 이어졌던 것처럼 중국도 그러한 흐름으로 도발할 가능성이 있다는 주장이 나오고 있어요. 그래서 미국도 중국에 대해 관여하기보다는 강력하게 봉쇄해야 한다는 주장이, 피크 차이나론과 '위험 구간론 danger zone'을 결합해 제기되고 있는 것 같습니다.

그런데 이에 대한 반론도 많이 있어요. 지금 중국의 도시화율이 한 66퍼센트 정도예요. 이 이야기는, 1200만 명에서 1500만 명 정도의 농촌 인구가 도시로 이동할 수 있는 여력이 아직 남아 있다는 뜻이에요. 또한 앞서 중국의 인구 감소 문제를 짚었지만, 과연 인구 성장과 경제 발전 사이에 긴밀한 함수 관계가 존재하느냐는 것도 논쟁의 영역이죠. 혁신이 그 인구 감소의 충격을 상당히 상쇄할 수도 있으니까요. 지방 부채 문제에 대한 반론도 있는데, 지금 중앙 정부 단위의 재정은 상대적으로 건전하거든요. 코로나-19 당시 방역과 경기 부양 부담을 혼자 떠안은 지방 정부가 과중한 빚을 지게 되었고, 여기에는 부동산 거품 문제도 밀접하게 연결돼 있었거든요. 하지만 그 부동산 부채의 대부분이 국내 금융권에서 발생한 것이어서 유동성 위기가 외환 위기로 번질 가능성은 낮아요. 다시 말해, 해외 부채가 거의 없기 때문에 중앙 정부가 중국 국내 유동성 흐름을 통제할 수 있다는 것이죠. 성장 잠재력 문제도, IMF의 최근 통계를 보니까 총요소생산성Total Factor Productivity,

TFP[11]을 0.9 정도, 1 밑으로 잡고 있더라고요. 중국 경제 성장이 굉장히 취약한 상태에 놓여 있다고 보는 거죠. 그런데 중국에서 나온 총요소생산성 분석을 보면, 한 2퍼센트까지 잡는 통계도 있어요. 이 정도까지 잡으면, 4~5퍼센트라는 중국의 성장률 목표치는 달성 가능한 여지가 있는 것으로 볼 수 있거든요. 이런 의미에서 중국이 피크 차이나론을 수용하는 분위기는 아닌 것 같아요.

그런데 중요한 문제는 트럼프 행정부도 피크 차이나론을 수용하고 있지 않는 것처럼 보인다는 건데요. 만약 정말 피크 차이나론을 수용하고 있다면 미국이 중국에 대해 이렇게까지 공세적으로 나올 이유가 없거든요. 아마도 미국은 지금 '중국의 성장 속도가 생각보다 빠르고, 이 상황을 가만히 놔두면 큰 기회 비용이 발생할 가능성이 있으니 중국과의 경쟁을 서두르는 것이 미국 국익에 도움이 된다'는 생각을 하는 게 아닌가. 미국의 이런 생각이 피크 차이나론을 둘

---

11 노동, 자본 등 전통적인 생산 요소 투입량의 증가만으로는 설명할 수 없는 경제 성장의 나머지 부분을 뜻한다. 즉 기술 발전이나 인적 자본, 제도, 인프라 등 경제 효율성 증대를 종합적으로 나타내는 지표다.

러싸고 여러 가지 쟁점을 만들고 있는 것 같고요. 김영한 교수님, 경제학자의 관점에서 볼 때 이 피크 차이나론은 실제로 얼마나 타당한 주장일까요? 경제학적으로 그 적실성을 어떻게 평가하고 계시는지 궁금합니다.

김영한   설명해 주셨다시피, 우리가 가장 쉽게 관찰할 수 있는 지표들을 보면 말씀하신 대로 부채 문제, 특히 지방 정부 부채 문제가 매우 심각해 보입니다. 또, 국영 은행들이 가지고 있는 부실 채권의 규모가 공개된 통계보다 훨씬 더 클 거라는 시장의 우려가 있고요. 그다음, 과거 10퍼센트에 가까운 경제 성장률을 보이다가 매우 빠른 속도로 5퍼센트까지 떨어진 이런 다이내믹한 추세 자체가 이미 성장 잠재력의 한계를 드러내고 있다는 시각이 있습니다. 이렇게 최근 나타나는 특징들을 종합해 보면 이미 어떤 피크에 도달했고, 추가 성장보다는 쇠락의 길로 들어서고 있는 게 아닌가 하는 추측을 해 볼 수는 있겠죠. 그런데 이건 모든 국가가 마찬가지였어요. 과거 미국 경제도 경기 변동이 있었고 유럽, 일본, 한국 경제도 그랬습니다.

    제가 보기에 한 나라 경제의 가장 중요한 동력은 '혁신 인센티브innovation incentive', 즉 경제 주체들이 혁신할 수 있는 동기입니다. 이 인센티브 시스템이 제대로 작동해야 새로운 부가가치가 창출되고 그 기반 위에서 기술 발전과 지속 가능한 성장, 나아가 기술적 리더십까지 가능해집니다. 이런 차원에서 딥시크DeepSeek의 인공지능 기술을 위시한, 그동안 서방 세계가 독점하고 있다고 믿어 왔던 첨단 기술 부문에서 중국이 달성하고 있는 놀라운 성과를 봤을 때, 중국에서는 분명 깜짝 놀랄 정도의 기술 분야 혁신이 진행되고 있다는 것은 객관적 사실로 보입니다. 물론 이게 시장에서 자연스럽게 발생한 것인지 중국 정부가 천문학적으로 쏟아부은 투자 때문인지에 대해서는 논란의 여지가 있을 수 있겠죠. 즉 중국 정부의 투자가 어느 정도 느슨해진다면 과연 혁신이 멈춰 버릴 것인지, 정부 정책 변화에 크게 영향을 받지 않고 시장 메커니즘에 의해 계속 이어질 수 있는지가 앞으로 중요한 관건이 될 텐데요. 제가 봤을 때는 그렇게 비관적이지는 않은 것 같습니다. 물론 중국의 기술 발전을 이끌어 온 주된 동력은 정부의 막대한 투자였지만, 그 결과 현재는 화웨이뿐 아니라 수많은 중소 스타트업에서도 기술 혁신이 활발히 나타나고 있습니다. 다시 말해, 사회 전반에 자리 잡은 기업가 정신과 이를 바탕으로 한 기술 투자, 그리고 그 성과를 고려할 때 중국이 이미 정점을 지나 쇠락하고 있다고 단정하는 것은 데이터를 간과한 해석일 수 있습니다. 중국에서 나타나고 있는 놀라운 기업가 정신 같은 것을 우리 기업과 정부도 적극적으로 채택하고 적용해야 하지 않나 하는 필요성을 느낄 정도로, 중국이 빠른 속도로 발전하고 있다는 건 확실히 관찰할 수 있는 것 같습니다.

이희옥 교수님, 이 피크 차이나를 어떻게 해석하느냐에 따라 한국 경제의 방향성도 달라질 수 있을 것 같습니다. 그렇다면 한국은 이 담론을 어떤 관점에서 이해하는 것이 바람직할까요? 또, 그게 대중국 정책이나 경제 정책을 수립할 때는 어떤 함의를 가질지요?

김영한 그동안 한국 경제가 중국, 일본, 또 미국 경제에 비해서 가지고 있는 고유한 비교 우위 부문이 나름 있어 왔거든요. 원천 기술은 미국에서, 일부 소재 관련 기술은 일본에서 수입하고, 중국과는 일정 부분 기술 격차를 유지하며 '기술적 중간국'으로서 누리던 어떤 고유한 영역이 있었는데요. 우리가 중국에 가지고 있던 기술적 비교 우위 구조라는 게 과연 아직 남아 있느냐, 여전히 중국에 비교 우위가 있다고 자신 있게 주장할 수 있는 분야가 단 하나라도 있는가 질문하면, 그나마 반도체 부문에서는 비교 우위가 있다고 기업들은 주장하고 있어요. 하지만 그 비교 우위가 따라잡히고 역전이 일어나는 데 어느 정도의 시간이 걸릴 것인지의 측면에서 봤을 때, 이 문제는 한국의 생존 위기와 직결된 것 같거든요. 이미 우리 경제는 매우 심각한 생존 위기에 처해 있고 어떤 형태로든 중국에 대한 기술적 차별화를 이루어내야만 생존이 가능한 상황입니다. 그래서 피크 차이나론에 대한 국내 산업 정책이나 장기적 방향성을 논의하기에 앞서, 기술적 차별화가 가능한 영역은 무엇인지 또 그 영역 안에서 기술 초격차 구조를 유지할 수 있게 하는 정책은 어떻게 구상해야 할지를 고민해야 한다고 생각합니다. 이건 지금 장기적으로 봐야 할 문제가 아니라 당장의 매우 시급한 문제인 것 같아요.

이희옥   권 교수님, 중국의 피크가 지난 뒤에도 중국으로 인적 자원이 흘러들어 가지는 않을 텐데, 기술산업 분야에서 피크 차이나론은 좀 다르게 이해될 것 같거든요. 어떻게 보시나요?

권석준   일단, 아까 김 교수님이 말씀하신 부분에 동의하는 부분도 있지만 동의하지 않는 부분도 좀 있습니다. 사실 저희가 지금 피크 차이나를 논하기에는 좀 이른 시점이 아닌가 생각하고요. 물론 2023년 경부터 중국의 인구가 감소세로 가고 있는 것은 확실하고, 중국도 한국이나 일본의 뒤를 따라서 빠르게 고령화 구조로 갈 것도 거의 확실해 보이고요. 지방 정부 부채와 부동산 시장의 불안정성 같은 문제는 이제 중국 경제의 근본적인 구조에서 주요한 상수로 자리 잡았다는 평가가 많습니다. 그럼에도 저희가 좀 들여다 봐야 하는 것 중 하나는, 중국은 확실히 이공계 분야에 대해서 그야말로 사활을 걸다시피 막대한 투자를 하고 있다는 점입니다. 일례로 이런 얘기들이 있습니다. 흔히 얘기하는 'STEM(Science, Technology, Engineering, Mathematics)', 그러니까 과학, 기술, 공학, 수학 이 네 분야에서 중국이 배출하고 있는 박사 학위자가 1년에 8만 명에서 9만 명 가까이 된다는 이야기를 들었습니다. 지금은 더 늘어났을 가능성이 있고. 특히나 이들 중 상당수는 반도체나 AI 쪽으로도 가겠지만, 그 외 다른 영역으로도 젊은 인재들이 끊임없이 모이고 있고요. 그리고 제가 공부를 하면서 발견한 것 중 하나는 뭐냐 하면, 저도 그동안 중국 공산당 정부가 첨단 산업이나 제조업에 대해서 톱다운 방식의 산업 정책을 일방적으로 펼친다고 생각하고 있었는데요. 물론 여전히 중국 정부가 계획 경제 체계를 가지고 산업의 전반적인 정책을 결정하는 것은 사실이지만, 최근에는 '미들업 middle-up' 현상이라는 흥미로운 현상이 나타나고 있다는 겁니다. 중국 정부에서 탑다운으로 산업 정책 자금만 쏟아부어 주는 것이 아니라 민간에서도 펀드를 조성해 정부 자금과 매칭하면서 중간 지점에서 협력하는 형태인데요. 중국 정부는 물론이고 민간 영역에서도 내수 시장 활성화와 글로벌 시장 경쟁력 확보는 매우 중요한 문제이기 때문에, 이런 식으로 첨단 기술 산업에 민관이 함께 전략적으로 투자를 확대하는 경향이 최근 들어 많이 보이고 있습니다. 잘 알려져 있는 것처럼 중국에서는 2014년, 2019년, 그리고 최근 2024년에 이르기까지 5년 주기로 1기, 2기, 3기 반도체 빅 펀드가 출범했습니다. 1기와 2기까지는 중국 정부 투자가 민간 부문 투자를 훨씬 앞섰거든요? 그런데 3기에 들어서는 중국 정부 투자액이 굉장히 커졌음에도 불구하고 민간 부문에서의 투자가 대등해지거나 그를 넘어서고 있습니다. 이는 곧, 이제 중국 산업 정책의 많은 부분이 어느 정도는 민간 영역으로 전이되고 있다는 뜻입니다. 그런데 중국의 민간 기업이 정말 말 그대로 '프라이빗private' 한지, 또 자율성이 제대로 보장되고 있는지를 묻는다면 여전히 물음표가 붙을 수밖에 없습니다. 그럼에도 불구하고 확실히 양질 전환의 기류가 최근 보이고 있다는 점은 주목해야 합니다. 그리고 또 하나 저희가 나눠 봤으면 하는 이야기가 있습니다. 앞서 중국도 인구 감소를 겪게 될 것이고, 한국이나 일본이 겪었던 문제들이 뒤따라 올 가능성이 높다고 했는데요. 사실 중국은 무인화, 자동화, 스마트화, 최적화에 굉장히 많은 투자를 하고 있습니다. 산업 로봇 고용 비율로 따지면 한국이 세계 최고 수준이긴 한데요. 이 격차를 지금 중국이 매우 빠르게 좁혀 나가고 있고, 제 생각에는 앞으로 몇 년 안에 중국이 무인화의 혁신을 이끄는 나라가 될 것으로 봅니다. 그런데 이게 중국에게는 양날의 검이 될 것 같습니다. 무인화가 되면 산업 자체의 효율성은 올라갈 수 있지만 그만큼 제조업에서 고용하고 있던 많은 노동자들이 일자리를 잃어버리는, 그래서 결과적으로는 실업률이 올라가 사회 불안 요소가 심화되는 문제가 동시에 생긴다고 볼 수 있죠. 그렇다면 지금 왜 이렇게까지 무인화를 추진하는 것인가 생각해 본다면, 그들도 어쩔 수 없이 피크 차이나에 도달하기 전에 뭔가 중요한 혁신을 이루어 내야 한다는 위기의식을 가지고 있기 때문이지 않을까 생각합니다. 올해 공교롭게도 '중국제조 2025[12]'

---

[12] 2015년 중국 국무원이 발표한 중장기 산업 전략이다. AI, 반도체, 로봇, 전기차 등 10대 핵심 분야를 집중 육성해 2025년까지 중국을 단순 제조 대국에서 첨단 제조 강국으로 전환시키는 것을 목표로 한다.

가 끝납니다. 이게 지금까지 10년 동안 중국의 제조업 굴기를 상징하는 구호였는데, 이 교수님 혹시 들어보셨습니까? 중국제조 2025가 끝난 뒤 그다음 구호가 나왔나요?

이희옥 내년부터 2030년까지 15차 5개년 계획을 시작하죠.

권석준 네, 하지만 그게 어떤 구호 형태로 제시된 것은 아니지 않습니까? 혹자는 이렇게도 이야기합니다. 왜 '중국제조 2035' '중국표준 2035' 이런 게 안 나오느냐고요. 중국은 이제 새로운 구호를 내세우지는 않지만, 피크 차이나를 논하기에 앞서 중국은 여전히 내수 시장에서 해외 공급망에 대한 의존도를 줄여 가고 있기 때문에 아직은 성장 동력이 남아 있다고 보는 것 같습니다. 일례로, 중국이 반도체를 그렇게나 자급화하려고 노력했지만 10년 전 한 7퍼센트대였던 것에서 지금 18~19퍼센트 정도로 올라온 것에 그치거든요. 물론 그것도 무척 인상적인 성장이기는 합니다만, 여전히 80퍼센트 정도에 대해서는 해외 의존도를 탈피하기 어렵다는 뜻인 거죠. AI도 그렇게 많은 돈을 쏟아부었지만 아직 미국이 개발한 모델에 의존도가 높고요. 이런 걸 보면, 앞으로 한 10년 정도는 중국이 이런 내수 시장, 특히 해외 의존도가 높은 첨단 산업 영역에 집중적으로 투자해 피크에 도달하는 시점을 더욱 뒤로 늦추려 노력할 것 같다고 생각하고 있습니다.

이희옥 차 교수님, 아까 피크 차이나론에 대한 미국 내 논쟁들도 잘 말씀해 주셨는데요. 부가해서 좀 더 설명을 부탁드리고, 국제 정치적 맥락에서 한국은 피크 차이나론을 어떻게 해석하며 외교 안보적 대응을 하는 것이 좋을지에 대해서도 이야기해 주시면 좋겠습니다.

차태서 앞서도 말씀드렸지만, 결국 피크 차이나론은 어느 정도 이념적 산물이라는 의심을 저는 계속 하고 있습니다. 지금 두 분 선생님 말씀을 듣고 제 생각에 좀 더 확신을 갖게 되었는데요. 물론 피크 차이나가 아예 근거가 없는 이야기는 아니죠. 노령화나 인구 감소 문제가 분명히 존재하고 있고, 부동산 문제와 같은 실물적인 차원에서의 문제 등 중국 경제에 잠복해 있는 여러 문제들이 있습니다. 그런데 피크 차이나론에 대한 미국에서의 담론 생산 맥락은 앞서도 말씀드렸지만, 결국 미국은 위험 구간 이야기를 하고 싶은 거잖아요. '지금 중국은 위험 구간에 진입하고 있기 때문에 굉장히 절망적인 상황이 되어 가고 있고, 시진핑은 동아시아에서 패권을 차지하고 서태평양에서 미국을 밀어내고자 대만 침공 등 자신이 생각한 일정표에 따라서 움직이고 있다'는 이야기를 도출하고 싶은 것 같거든요. 이처럼 피크 차이나를 둘러싼 미국 내 담론 그리고 국제적 담론이 과연 어떤 맥락 속에서 생산되고 있는가, 이를 계속 따져 보는 작업이 중요할 것 같습니다. 최근 등장했던 '시진핑 실각설'도 비슷한 것 같거든요. 대만 정보기관이 됐든 파룬궁 등 반중국 단체가 됐든, 중국의 정국을 흔들고 싶어 하는 집단으로부터 나온 가짜 뉴스가 뉴 미디어를 거치며 만들어진 소극이었는데요. 결국 이번 전승절 80주년 기념 열병식을 통해 시진핑의 건재함이 여실히 증명됐잖아요. 앞으로도 특정한 이야기가 어디서 어떤 맥락을 통해 생산되는지, 그것이 왜 미국을 거쳐서 우리한테 들어와 증폭되고 있는지, 어떤 정치적인 함의나 맥락 속에서 유통되고 소비되고 있는지를 잘 살펴보아야 합니다. 아마 우리가 신냉전 구도 속에 본격적으로 들어가면 들어갈수록 그런 식의 담론들이 점점 많아질 거예요. 학자를 통해 나온 것이든 미디어를 통한 것이든 국제 정치 영역에서 돌아다니는 여러 가지 말들이 그냥 투명한 언어인가, 아니면 정치적 또는 이념적인 맥락 속에서 생산된 것인가를 면밀히 살피는 작업이 굉장히 중요해질 것 같습니다.

이희옥 세 분 교수님 말씀을 들어 보면, 우선 '위기'와 '붕괴'를 구분해야 할 것 같아요. 우리나라나 미국도 그렇고, 위기는 어디에나 존재하는데 그 위기를 자꾸 붕괴와 동일시하려는 경향이 있는 것 같아요. 이런 시각은 극복할 필요가 있어요. 중국도 여러 가지 위기 요소를 가지고 있잖아요. 그런데 여러 위기 요소들이 하나의 병목 구간을 동시에 통과할 때가 위험하죠. 그때, 중국 정부가 적절한 거버넌스 능력을 갖추고 있는지가 관건이거든요. 제 관측으로는, 위기가 하나씩 올 때는 상당한 수준의 거버넌스 관리 능력을 발휘하고 있다고 봐요. 그런데 만약 특정 시기에 여러 위기들이 동시에 병목 구간을 통과한다면, 그때도 중국이 과연 지금과 같은 시스템을 통해 합리적으로 해결할 수 있겠느냐 하는 문제에는 의구심이 드는 거죠. 이런 점을 잘 주목하면서, 피크 차이나론도 다시 한번 점검하고 해석해 볼 필요가 있습니다.

3장

한국, 생존할 것인가 도태될 것인가

이희옥 최근 미중 간 기술 경쟁이 본격화되면서 중국에서는 빅데이터, 양자 컴퓨팅, 5G 통신 장비, '중국판 GPS'라 불리는 베이더우, AI 등의 분야에서 상당한 기술적 도약이 있었습니다. 그럼에도 중국이 '산업의 쌀'이라고 표현하는 반도체 부분에서만큼은 여전히 비교 열위를 면치 못하고 있습니다. 이것은 아마 미국과 그 동맹국들이 함께 대중국 반도체 봉쇄에 나서고 있기 때문으로 보입니다. 현재의 국면이 앞으로 어떻게 전개될지에 따라 미중 간 큰 '판의 변화'가 나타날 가능성이 있고, 이런 측면에서 '새로운 게임 체인저' 이야기가 등장하고 있는 상황입니다. 성장 잠재력이 고갈되고 다양한 위기가 중첩되는 중대한 갈림길 앞에 서 있는 중국이 과연 새로운 도약을 이루어 낼 수 있을까요.

중국에서는 매년 3월에 '전인대(전국인민대표대회)'와 '정치협상회의(중국인민정치협상회의)'라는 두 정치 행사를 묶은 '양회兩會'가 열리는데요. 이를 통해 그 해 경제 방향을 가늠하기도 합니다. 올해 양회에서 강조한 주목할 만한 점은 바로 '높은 수준의 과학기술 자립 및 자강 전략'입니다. 우리가 여러 차례 이야기를 나누었지만, 중국의 기술 자립은 지금의 국제 환경이 만든 일종의 '강요된 자립화' 성격이 강한데요. 중국의 정책 선택이 바로 이러한 현상을 반영한 것입니다. 내년부터 중국에서 제15차 5개년 규획을 시작해 2030년에 종료됩니다. 얼마 전에 그 청사진이 발표됐는데, 데이터 마이닝을 통해 어떤 단어가 제일 많이 사용되었는지 조사를 해 봤는데요. 제일 많이 나온 말이 '인공지능' '과학 기술 인재 양성' 그리고 '혁신' 등입니다. 중국은 중국제조 2025를 만든 2015년부터 제조 2025가 끝나는 이번 2025년, 다음 2030년대까지 장기적인 안목을 가지고 게임 체인저를 대비하고 있어요. 참 무서운 속도감을 느끼고 있습니다. 제가 최근, 중국 혁신 기업의 성지라고 일컬어지는 상하이와 항저우의 인공지능 기업 현장에 다녀왔는데요. 정말 놀라운 변화를 목격했습니다. 사족 로봇이 바퀴를 달고 산을 자유자재로 오르고 있고, 재난 현장을 발 빠르게 누비고, 로봇 팔이 자유롭게 서예를 하거나 피아노를 치고, 한쪽 다리가 없는 사람들이 로봇 다리를 장착해 높은 산을 편안히 오르고 있었어요. 이런 배경에서 우리가 지난 10년 동안 중국에서 있었던 변화를 너무 모르고 있지 않았는가 하는 탄식들이 경쟁적으로 보도되기 시작하고 있는 것 같습니다. 그래서, 우리가 이러한 중국의 큰 변화를 면밀히 살피며 거기 어떤 한계가 있는지 또 잘못 가고 있는 부분은 없는지, 우리 입장에서는 어떻게 대응해야 할지를 논의해 보려고 합니다. 권 교수님께서는 아마 기술 현장과 정책에 제일 가깝게 있을 것 같은데요. 현장을 방문하면서 또는 여러 정보를 취합하면서, 많은 다른 전문가들과 논의하는 과정에서 체감하신 중국 혁신 산업 현장의 변화가 있다면요?

제재와 결핍이 만든 중국의 역설적 혁신

권석준 저는 최근 중국의 혁신을 설명하는 몇 가지 키워드 중 하나 언급하고 싶은 키워드로서, '결핍이 가져다 주는 혁신의 역설'이라는 개념을 소개해 드리고자 합니다. 결핍이 오히려 혁신으로 이어진다니 아이러니하죠. 아까 잠깐 담소를 나눌 때, 이 교수님께서 '감옥의 역설'을 이야기해 주셨는데요. 제게 굉장히 인상 깊게 다가왔습니다. 감옥에 갇힌 장기수들은 탈옥 하나만 생각한다고 합니다. 그 탈옥을 위해 정말 아무것도 없는 감옥이라는 공간에서도 스스로 도구를 만들어 내고, 또 사람을 규합하고 여러 책략을 짭니다. 그런데 그 죄수들이 만약 감옥에서의 삶이 편했다면, 혹은 형기가 짧았다면 과연 탈옥을 위해 자급자족하며 그렇게 오랜 시간 동안 노력을 했을까요? 생각해 보면 굳이 그럴 필요가 없었을 것이라는 결론에 이르게 되죠. 지금 중국의 혁신 경제 상황을 꼭 이런 감옥에 갇힌 죄수에 빗대어 볼 필요는 없겠습니다만, 지금 중국에서 일어나고 있는 혁신의 상당수는 외부 자극에 대한 반동적 대응에서 창출된 결과라는 점도 분명 없지 않습니다. 특히 반도체와, 반도체를 기반으로 하는 AI 산업 모두 미국이 중국에 대한 아주 강력한 기술 제재를 하고 있는 핵심 품목 기술들입니다. 이미 트럼프 2기 정부도 지금까지와 같은 기술 제재 기조를 이어갈 것이라 많이 예상하고 있지만, 사실 바이든 정권에서부터 이미 중국 반도체 산업에 대한 기술 제재가 굉장히 구체적으로 나오기 시작했죠. 여기서 조금 더 시간을 앞으로 돌려 보면, 트럼프 1기 정부에서 아마 해외 기업으로는 세계 최초로 화웨이에 대해 해외직접생산품규칙Foreign Direct Product Rule, FDPR[13] 제재를 한 것으로 알려져 있습니다. 더 추적해 보면 그 이전인 오바마 정부 때 이미 중국에 대한 견제 기조가 조금씩 성립해 왔다는 것을 알 수 있죠. 지난 10년간 미국의 대중국 제재 양상을 살펴 보면, 제재 조치가 랜덤하게 배치됐다기보다는 공급망 하나하나에 대해 일종의 포석들을 미리 섬세하게 깔아 두는, 무협지로 치면 마치 고수가

---

[13] 미국산 기술이나 소프트웨어를 사용한 제품이라면 해외에서 제조된 제품이라도 수출할 때 미국의 허가를 받도록 한 규정.

경혈을 짚는 것 같은 느낌으로 진행되어 왔다는 걸 알 수 있습니다. 그렇다 보니 중국에서는 타의에 의해 기술 자립화가 가속된 셈인데, 한편으로는 혁신경제가 내재적으로 일어나고 있죠. 많은 분들도 아실 만한 대표적인 사례가, 중국의 스타트업 딥시크가 2025년 1월에 공개한 '딥시크 R1 DeepSeek-R1'이라는 AI 모델입니다. 이 모델이 왜 전 세계에 큰 충격을 주었는가, 오픈 AI나 구글이나 메타에서 만드는 모델의 성능과 비슷해서 그랬느냐 하면 꼭 그것 때문만은 아닙니다. 성능은 미국이 만든 AI 모델보다 약간 떨어질 수도 있고 비슷하다고도 볼 수 있지만, 딥시크 R1이 일대 파장을 일으킨 이유는 그 성능을 구현하기 위해서 미국 테크 기업들이 썼던 비용의 적게 잡아도 100분의 1, 좀 더 크게 잡으면 1000분의 1까지도 비용을 줄였다는 측면 때문입니다. 업계에서는 이러한 비용 추산이 다소 과장되었다고 평가하기도 합니다만, 그래도 어떻게 딥시크가 저렴한 비용으로 이 정도의 성능을 갖출 수 있게 된 것인지 생각해 볼 필요가 있죠. 그 이유는 역설적이지만, 미국이 중국의 AI 스타트업들에 대해 미국에서 현재 거의 독점적으로

미중 관계 레볼루션

생산하고 있는 그래픽 처리 장치Graphic Processing Unit, GPU, 특히 엔비디아가 만들고 있는 고성능, 초고가의 GPU 수출을 강력하게 통제했기 때문입니다. 그래서 딥시크가 자본력이 넉넉하지 않았고 중국 내부 반도체 공급망도 충분히 확보되지 않은 상태에서도 그야말로 내부 자원을 '쥐어짜듯' 최적화를 이루어 낼 수 있었던 겁니다. 훨씬 저가의 반도체로, 그리고 중국 내에서 확보할 수 있는 데이터세트만 가지고도 뜻하지 않게 미국의 기술 제재를 우회할 수 있는 경로를 발견해 냈다고 볼 수 있겠습니다. 우리가 여기서 생각해야 할 것 중 하나는, 딥시크가 준 충격이 과연 일회성인지, 특정 회사의 특별한 행운 때문인지 아닌지입니다. 제가 보기에는 일회성이 아니고요, 딥시크라는 한 회사의 특별한 '혁신 비법' 때문만도 아닙니다. 물론 딥시크의 창업자인 량원펑 같은 사람의 창의적 천재성과 퀀트Quant 회사를 운영하며 쌓인 뛰어난 기술적 노하우가 작용하기도 했지만, 그런 노하우가 제로 상태에서 나온 것은 아닙니다. 중국의 이런 혁신 생태계는 짧게 잡아도 10년, 길게 잡으면 거의 30년에 걸친 장기적인 투자를 통해 어느 정도 자생적으로 성장할 수 있는 준비가 이미 되어 있었다는 거죠. 여기에 량원펑 같이 젊고 유능한 창업자들, 뛰어난 엔지니어들의 등장이 트리거가 된 것이고요. 지금은 우리가 딥시크를 주목하고 있습니다만, 제 생각에 이제는 '제2, 제3의 딥시크 쇼크'가 앞으로도 계속 나올 가능성이 높습니다.

또 한 가지, 현재 중국에서 큰 부와 성공을 얻을 수 있다고 인식되고 있는 분야가 바로 엔지니어나 과학자들이 추동하고 있는 혁신 경제 분야입니다. 그래서 수많은 중국의 2030 젊은이들은 학부 공부만으로는 부족함을 느껴 석사와 박사 과정을 밟으려 하고, 대학원 진학률도 높아요. 그리고 창업 결심을 많이 합니다. 자기 돈으로, 또는 특허를 내서 차근차근 창업하겠다는 게 아니고 거의 무작정, 속된 말로 '맨땅에 헤딩'하듯이 달라붙는 경우가 많습니다. 량원펑도 저장대학 학부에서 전기전자를 전공했고 석사는 컴퓨터 공학을 전공했다고 알고 있는데, 흥미롭게도 곧장 AI에 뛰어든 게 아니라 '환팡퀀트'라는 퀀트 회사를 먼저 차렸더라고요. 아까 이 교수님이 잠깐 언급하셨던 중국 혁신의 성지인 항저우에 차렸는데, 5년 만에 무려 1조 원 넘게 돈을 벌었습니다. 그래서 자본도 충분히 확보한 상황이었는데요. 그 자본으로 회사를 크게 만든 게 아니라 인공지능 자회사를 따로 만들었습니다. 그게 바로 딥시크입니다. 이후 딥시크는 중국 내에서 활용할 수 있는 자원들을 그야말로 긁어모았는데, 그 자원들이란 바로 중국 정부가 미리 만들어 놓은 생태계, 예를 들면 데이터세트나 중국어 기반의 다양한 토큰들, 그리고 화웨이의 '어센드Ascend 칩' 같은 자체적인 신경 처리 장치Neural Processing Unit, NPU 등이고요. 딥시크는 이런 자원을 활용해 AI 혁명이라는 파도에 잘 올라탔다고 볼 수 있습니다.

결론적으로, 딥시크가 자체적으로 혁신을 만든 것인지 묻는다면 순수성 면에서는 그렇게 보기 좀 어렵습니다. 사실 딥시크가 AI 업계에서 국제적으로 존재감을 드러낸 시기는 2023년 11월 정도로 볼 수 있는데, 2023년 하반기에서 2024년 상반기까지 딥시크가 공개했던 모델들은 대부분 미국의 메타가 개발한 인공지능이나, 구글에서 만든 트랜스포머Transformer 같은 인공지능 모델에 약간의 변형을 가해 좀 더 효율적인 모델로 만든 정도였습니다. 즉 메타나 구글이 없었으면 딥시크도 이 정도로 빠르게 혁신을 만들어 낼 수는 없었을 겁니다. 재미있는 것은, 그러면 그 모델을 답습하기만 했느냐 하면 그건 또 아니라는 겁니다. 기존의 미국 개발 모델을 가지고 중국식으로 많이 재구성했습니다. 그리고 어차피 엔비디아의 고성능 GPU 사용에 큰 제약이 있던 상황이었기 때문에, 중국 내에서 확보할 수 있는 반도체에 적합하게 소프트웨어와 하드웨어를 동시에 최적화합니다. 여기서 굉장한 점은, 그렇게 쌓은 최적화 노하우를 기업 기밀로 꽁꽁 싸맨 게 아니라 아낌없이 오픈 소스로 공개를 해 버렸다는 겁니다. 깃허브GitHub나 허깅 페이스Hugging Face 같은 플랫폼에도 올리고요. 깃허브에 올라간 딥시크의 소스 코드나 데이터세트는 불과 일주일 만에 다운로드가 500만 회를 넘었습니다. 3개월 동안 1억 5000만 회나 됐고요. 이젠 중국 바깥으로 혁신의 노하우가 오픈 소스화되어 널리 퍼지고 있다는 것인데요. 제 생각에는, 딥시크뿐만 아니라 첨단 산업 영역에서 중국이 왜 기술 노하우를 오픈 소스로 바꾸고 있는지 그 저의를 좀 더 알아볼

미중 관계 레볼루션

필요가 있다고 생각합니다.

답은 지난 역사 속에 있다

이희옥 권 교수님이 여러 맥락을 종합적으로 말씀해 주셨는데요. 제가 중국 연구자로서 하나만 더 보완하겠습니다. 딥시크의 한자 표현이 '심도구색深度求索'입니다. '깊이 있게 구하고 찾는다'는 뜻인데, 구색이라는 말은 중국 전국 시대에 활동했던 시인인 굴원屈原이 지은 《이소離騷》에 나온 표현입니다. '갈 길이 멀고 험난하지만 나의 뜻을 펼치게 해 줄 이상적인 임금을 찾아 나서겠다'는 의미를 담고 있습니다. 젊은 사람들이 회사 이름을 이렇게 지었다는 건 그만큼 혁신가 정신으로 무장되어 있었기 때문이겠죠. 저장대학에는 '주커전竺可桢반'이라고 하는, 천재 학부생을 선발해 집중적으로 양성하는 특별반이 있습니다. 중국의 유명 기상학자인 주커전의 이름을 딴 것인데요. 50명 정도를 뽑아서 패스트트랙으로 훈련시킵니다. 우리나라 교육 제도와는 굉장히 다르죠. 이런 특별반은

칭화대학에도, 베이징대학(튜링반)에도 있습니다. 교육 기회를 평등하게 제공하기보다는 천재를 키워 내고 그들끼리 경쟁하게 하는 중국의 이런 시스템이, 결국 오늘의 딥시크를 만든 동력일 수 있겠다는 생각을 해 봅니다.

자, 이제 다른 주제로 넘어가겠습니다. 본격적으로 4차 산업 혁명 시대가 오면 국제 정치 교과서를 거의 다시 써야 하는 거 아닌가 하는 논의가 많이 나오고 있는 것으로 압니다. 차 교수님, 과연 4차 산업이 미중 전략 경쟁에 어떤 국제 정치적 변동을 가져올까요?

차태서 산업 혁명과 국제 정치의 관계를 이해하기 위해서는 기존의 패권 이론, 특히 '장주기 이론 Long Cycle Theory' 같은 이론들을 살펴볼 필요가 있습니다. 장주기 이론이란 기술 혁명이나 혁신적인 기술들이 국제 정치에 어떤 영향을 미치는가에 대한 기존 국제 정치학계에서의 논의인데요. 어떤 혁신적인 기술이 나왔을 때, 그게 산업계나 경제 전반뿐만 아니라 국제 정치에도 심대한 영향을 미친다는 이론입니다. 가령 1차 산업 혁명이 18세기에 있었죠. 1차 산업 혁명의 결과 증기 기관이나 경공업 발전이 이루어졌는데, 이게 국제 정치적으로는 영국이라는 패권 국가의 부상과 연결되어 있습니다. 그리고 2차 산업 혁명은 19세기 말~20세기 초반에 있었는데, 2차 산업 혁명의 핵심은 일명 중후장대형 공업, 중화학 공업의 발전이었잖아요. 이는 영국이 가라앉고 미국과 독일 같은 신흥 강대국이 등장하는 배경이 됐었죠. 그러니까 영국은 기존 1차 산업 혁명에 기반해 패권국이 됐던 나라이고, 미국과 독일의 경우는 2차 산업 혁명에 올라타 영국에 도전했던 사례죠. 반면 1980년대에 있었던 3차 산업 혁명은 미소 간 냉전이 한창이던 시기에 소련이 몰락하고 미국이 냉전에서 승리하는 계기를 만들었습니다. 2차 산업 혁명까지는 소련이 미국과 대등한 경쟁을 하면서 냉전을 치를 수 있었는데, 이는 중후장대형 공업의 특성상 소련의 계획 경제 시스템과 어느 정도 잘 맞아떨어졌기 때문이었죠. 하지만 민주주의적 정보 네트워크가 작동해야 하는 정보화 혁명 시기에는 소련의 폐쇄적인 계획 경제 시스템이 맞지 않았고, 반면 미국의 개방적인 자유 시장 시스템이 가능성을 폭발시키며 3차 산업 혁명과 잘 맞아떨어져 미소 경쟁에서 승리할 수 있었던 겁니다. 이렇게, 산업 혁명과 국제 정책 또는 패권 주기의 관계를 중시하는 이론으로 보면 사실 4차 산업 혁명은 상당히 큰 기회이기도 하고 굉장한 위기이기도 한 거죠. 미국의 입장으로는 4차 산업 혁명이 지금까지의 패권국 지위가 한 번에 뒤엎어질 수 있는 위협 요인이 될 수 있고요. 지금 대담의 주제가 게임 체인저인데, 왜 현재 게임 체인저로서의 역할을 기술이 수행하고 있는가의 문제는 장주기 이론의 입장에서 굉장히 주목할 수밖에 없습니다. 지금까지의 근대 산업 혁명 역사를 보면, 주요 산업 혁명이 있을 때마다 국제 정치적인 천지개벽이 있어 왔기 때문이에요. 기존 패권국이 망하고 새로운 패권국이 부상하고, 이런 일들이 계속 발생해 왔다는 거죠.

이런 맥락에서 4차 산업 혁명을 누가 주도하는가, AI나 빅데이터, 양자 컴퓨팅 같은 기술들을 어느 국가가 주도하느냐에 따라 미국이 계속해서 패권국의 지위를 유지할 수도 있고, 만약 새로운 국가가 4차 산업 혁명을 주도한다면 그 국가가 새로운 패권국으로 떠오를 수 있습니다. 그래서 지금 미국은 그 '새로운 국가'가 4차 산업 혁명을 주도하지 못하도록 어떻게든 틀어막아야 하는 이유가 있죠. 이렇게 근대 기술과 국제 정치의 역사적 관계를 보면, 그 안에 힌트가 있습니다.

이희옥 참 복합적인 국면입니다. 미국의 기술 통제 기조는 앞으로 당분간 유지될 것 같고요. 중국은 미국의 기술 통제를 우회하려고 하고, 미국은 동맹국을 모아서 수출 통제를 더 강화하려는 현상이 본격화될 것 같습니다. 심지어 2023년에는 냉전 시기 미국을 중심으로 설립되었던 다자간 기구인 코콤Coordinating Committee for Multilateral Export Controls, COCOM의 부활을 언급하며, '칩4 동맹Chip4 Alliance' 같은 개념을 통해 한국도 끌어들이려고 한 시도도 나타났었고요. 다만 이러한 통제가 현시점에서 실제로 얼마나 효과를 발휘할지는 모르겠습니다. 또한 각 참여국 입장에서는 미국 주도의 통제에 협력할 필요성을 느끼면서도, 동시에 자국의 기술 주권을 어떻게 지켜 낼지가 중요한 관심사가 될 수밖에 없겠죠. 우리 같은 중견국이 기술 주권을 지키면서도 미국의 수출 통제에 협력할 수 있는 그 최적의 방안을 찾아야 할 텐데, 생각보다 쉽지는 않을 것 같거든요? 김영한 교수님께서 이러한 딜레마적 상황을 한번 짚어 주시고, 우리가 어떤 전략적 선택을 해야 할지, 지금 상황이 갖는 함의는 무엇인지 등에 대해 이야기해 주실 수 있을까요.

김영한 예, 말씀하신 코콤 제도가 작동할 수 있었던 것은 그 당시 전 세계 산업 그리고 무기에 전용될 수 있는 첨단 기술의 절대적인 기술적 리더십을 미국이 가지고 있었고, 기업 대부분이 미국에서 유래한 원천 기술을 빌려 사용하던 시스템이었기 때문입니다. 미국이 원천 기술 제공국이니 원하는 만큼 통제가 가능했고, 그래서 훨씬 쉽게 코콤 제도가 실행될 수 있었고 또 강력하게 작동했던 거죠. 지금 와서 그런 다자간 기술 통제를 미국이 다시금 시도하고 있는 것은, 미국 스스로 여전히 대부분의 첨단 기술에 대한 리더십을 가지고 있다고 믿고 있고, 그 리더십에 우방국 대부분이 동조할 수밖에 없는 의존 구조라고 판단하고 있기 때문이겠죠. 그런데 분명한 차이가 있습니다. 미국이 현재 구사하고 있는 기술 시장 지배력이 과거 냉전 시대와 비슷할 정도로 절대적인가, 그 대목에서 의문의 여지가 많은 것이죠. 물론 미국은 여전히 원천 기술 대목에서 상당 부분 시장 지배력을 가지고 있지만, 최근의 상황을 보면 네덜란드 기업인 ASML에서 만들고 있는 반도체 장비 같은 건 미국이 못 만들고 있지 않습니까? 또 여러 반도체 소재 부문에서 일본 기업이 가지고 있는 기술력이 미국에는 없고요. 반도체 제조 공정 과정에서 대만이나 한국이 가지고 있는 비교 우위 역시 미국이 가지지 못한 상황이고요. 미국의 기술적 리더십이 과거 코콤 시절에 비해서 상당히 다각화된 상황이기 때문에, 지금 미국이 다시 도입하고자 하는 다자간 기술 통제 시스템이 과거 냉전 시대처럼 아주 일사불란하게 집행되고 또 관리될 수 있을 것인가에 대해서는 이미 여러 국가에서, 또 여러 분야에서 상당한 의문을 제기하고 있습니다. 물론 그럼에도 미국은 앞으로 다양한 분야에서 통제를 시도하겠지만, 제가 봤을 때 미국이 절대적인 기술 리더십을 발휘하지 못하는 분야에서는 미국 중심의 다자간 기술 통제 제도가 운영되기는 어려울 것 같아요.

그렇다면 우리는 중견국으로서 다자간 기술 통제와 관련한 전략을 어떻게 짜야 할까요. 제가 볼 때 그건 전략의 문제가 아니라 기술력의 문제인 것 같습니다. 결국 우리 대한민국이 보유하고 있는 기술력의 미국 기술 의존도가 얼마나 낮은지, 우리가 세계 시장에서 기술적 리더십을 행사하고 있는 상황인지 아닌지에 따라 다자간 기술 통제 프레임이 형성되지 않을까요. 통제 정책에 우리가 어떤 정책적 접근을 할 것인지는 우리가 보유하고 있는 기술력의 수준에 따라 시장 원리를 통해 결정되지 않을까 생각합니다. 미국 입장에서는 다급한 마음으로 광범위하게 확산시킬 가능성이 높은 다자간 기술 통제 트렌드와 관련해, 우리가 할 수 있는 우선적인 접근은 가장 빠른 시일 안에 기술적 시장 지배력을 확보할 수 있는 분야가 무엇인지에 대한 정확한 판단일 겁니다. 국가 차원에서도 강력한 R&D 지원이나 기업과의 협업을 추진해 빠르게 비용 대비 높은 이익을 누릴 수 있는 시장 지배력을 확보하려는 노력이 이루어져야 하겠고요. 이것이 우리가 취할 수 있는 가장 시급하고도 중요한 정책적 접근이고, 과거의 경험과 현재의 추세를 비추어 볼 때 정책 이전에 기술력이 정책 프레임을 결정할 것이라는 게 제 생각입니다.

바로 지금이 위기이자 기회다

이희옥 그렇군요. 그런데 정부가 이와 관련한 정책을 결정할 때는 과학 기술자들에게도 자문을 구하겠지요? 기술자들은 좀 결이 다른 생각을 할 수도 있을 것 같은데요. 권 교수님은 어떻게 보세요?

권석준 김 교수님께서 말씀하신 것처럼, 만약 우리가 '없어선 안 될 핵심 요소나 기술'을 많이 가지고 있다면 목소리를 높일 수 있을 것이고, 글로벌 공급망이 재편되는 와중에도 국익을 충분히 지킬 수 있겠지요. 우리가 지금 세계 무대에서 어느 정도 강점을 가지고 있다는 몇 가지 영역들이 있습니다. 주로 메모리 반도체를 많이 꼽죠. 특히 최근 들어서는, 'AI 반도체'라고 불리는 고대역폭 메모리High Bandwidth Memory, HBM의 경우 SK하이닉스가 엔비디아의 최대 공급사로서 약 80퍼센트에 가까운 공급을 맡고 있습니다. 혹자는 이렇게 얘기합니다. 한국은 메모리 반도체 분야에서 워낙 뛰어났고 AI 반도체 시대에도 HBM 같은 대체 불가능한 기술이 있으니까 이것들이 우리에게 '린치핀 linchpin'이 되어 줄 수 있지 않겠냐고요. 하지만 안타깝게도, 지금 우리의 위치가 생각보다 불안정합니다. HBM도 미국 3위 업체인 마이크론이 하이닉스를 맹추격하고 있고요. D램도 지금은 한국의 SK하이닉스와 삼성, 미국의 마이크론이 3강 구도로 시장 과점 중이라고 이야기하는데, 이 틈바구니에서 중국의 CXMT 같은 메모리 반도체 전문 업체들이 빠르게 시장 점유율을 넓히고 있습니다. 제가 현장에서 직접 보기에, 불과 5년쯤 전에는 우리와 중국의 기술 격차가 한 10년 정도라고 평가했습니다. 3년 전에는 격차가 7년 정도로 줄어들었고요. 작년에는 3년으로, 올해 들어서는 격차가 1~2년으로 줄었다는 얘기가 나오고 있습니다. 특히 CXMT가 과거에는 메모리 반도체 분야 글로벌 3강의 로드맵을 따라오는 양상이었는데, 올해 상반기부터는 D램 기술을 거의 따라잡았음은 물론이고 그에 더해 'HBM 분야는 따로 간다'는 기조를 보이고 있습니다. 즉, '어떤 기술을 따라잡은 후에 다른 기술 영역에서도 추격을 시작한다'는 식이 아니라는 겁니다. 솔직히 말씀드리면, CXMT가 만드는 메모리를 분석해 보면 여전히 한국 기업이 생산한 메모리 성능에 비견될 정도는 아닙니다. 그런데 CXMT는 그걸 그대로 갖다 파는 게 아니에요. 수율이 굉장히 낮더라도 그다음 세대 제품을 만드는 데 활용합니다. 일례로, CXMT는 원래 HBM2부터 양산하려 했지만, HBM2를 양산해 봐야 시장성이 별로 없다는 걸 알고 바로 HBM3나 HBM3E 양산을 시작하겠다고 아예 선언해 버렸습니다.[14] 물론 이 선언대로 가게 될지는 모르겠지만, 확실한 건 우리가 그동안 강점을 가져 온 몇몇 분야에서 중국과의 격차가 줄어드는 속도가 생각보다 매우 빨라지고 있다는 것입니다. 현재 우리는 그야말로, 적어도 제조업과 첨단 산업에서는 실존의 위기 앞에 놓

---

[14] 2025년 9월 기준 국제반도체표준협의기구(JEDEC)가 채택한 HBM 표준 규격은 HBM, HBM2, HBM2E, HBM3, HBM3E, HBM4로 총 6가지이며 최신 표준은 2025년 4월 공식 발표된 6세대 HBM4이다. 이 최신 표준은 이전 세대인 HBM3, HBM3E와 호환성을 지닌다.

여 있다는 것을 명심해야 합니다.

실제로 중국이라는 변수를 고려하지 않더라도 현재 한국이 몇몇 분야에서 가지고 있는 기술 우위는 그다지 견고하지 않습니다. 공급망 의존도가 높기 때문인데요. 미국이 지금 반도체나 AI 분야에서 기술적 우위를 상당 부분 잃어버렸다고 평가받지만, 앞서 김영한 교수님께서 예로 들어 주셨던 ASML이 만들고 있는 극자외선 리소그래피Extreme Ultraviolet Lithography, EUV[15] 장비도 네덜란드의 기술로만 탄생한 게 아닙니다. 원천 기술의 35퍼센트 정도는 미국이 만들었습니다. 그래서 지금 미국 상무부는 '네덜란드가 EUV 장비를 생산하는 건 우리가 통제할 수 없지만, 그 장비 만드는 데 들어간 우리 기술 30퍼센트는 우리가 통제할 것'이라고 이야기합니다. ASML은 이에 굉장히 불만이 많음에도 불구하고 현재 미국 상무부의 대중 EUV 수출 통제 조치에 울며 겨자 먹기

---

[15] 기존의 심자외선 리소그래피(DUV Lithography)보다 훨씬 짧은 파장의 빛을 사용해 더욱 정밀한 반도체 회로를 생산할 수 있는 차세대 반도체 제조 기술. 현재 EUV 리소그래피 장비 양산이 가능한 기업은 전 세계에서 네덜란드의 ASML사가 유일하다.

식으로 참여할 수밖에 없고요. 어떻게 보면, 미국이 굉장히 영민하게 주요 골목골목마다 통과하지 않으면 안 되는 포석들을 먼저 깔아 놓았다고 볼 수 있습니다. 일본도 마찬가지인데요. 일본은 반도체 '소부장(소재, 부품, 장비)'이 굉장히 강하다고 평가받는데, 물론 정말로 글로벌 수준에서 기술 지배력을 가지고 있는 것은 사실입니다. 하지만 여전히 많은 기술 라이선스에 대해서는 미국 의존도가 꽤 높습니다. 세계 5대 장비 회사 중 하나인 도쿄일렉트론이라는 일본의 반도체 회사가 있습니다. '텔TEL'이라고도 부르는데요. 텔이 뭘 잘하냐면 에칭Etching 장비[16]를 잘 만듭니다. 이 에칭 장비에는 에칭 가스와 플라스마 발생 장치가 포함되는데 이들 핵심 부품 상당수가 여전히 미국의 원천 기술 라이선스에 의존하고 있어, 미국이 마음만 먹으면 텔도 아예 영업을 못 하게 만들 수 있습니다. 우리나라 반도체 업계도 미국 원천 기술에

---

16 반도체 회로를 만드는 과정에서 필요 없는 부분을 깎아 내는 장비. EUV 리소그래피 장비가 반도체 웨이퍼 위에 회로 패턴을 그리는 역할을 한다면 에칭 공정은 그 패턴의 결과로 필요 없는 부분을 정밀하게 깎아 내는 공정이다.

대한 의존도가 굉장히 높습니다. 삼성전자나 하이닉스가 만들고 있는 메모리 반도체 설계를 위한 '설계 최적화 프로그램'이 있는데요. 이를 '전자설계자동화 Electronic Design Automation, EDA'라고 부릅니다. 그런데 이 EDA 시장도 역시 미국이 지배하고 있습니다. 미국의 시놉시스Synopsys나 케이던스Cadence 같은 회사들이 무려 세계 시장의 3분의 2를 과점하고 있고요. 지멘스 같은 회사까지 보면 시장의 90퍼센트 가까이 이들 3개 회사가 지배하고 있습니다. 만약 미국 정부가 시놉시스나 케이던스의 라이선스를 당장 내일부터 삼성전자나 하이닉스가 이용하지 못하게 한다? 그러면 사실상 반도체 생산이 불가능해진다고 보시면 됩니다.

이 정도로 공급망 의존도가 취약한 상황이지만, 한국이 이러한 상황에서 벗어날 수 있는 방법이 아예 없는 것은 아닙니다. 그렇지만 벗어나기 위해서는 굉장히 큰 규모의 R&D 투자가 필요합니다. 요즘 '반도체 장비부터 일단 독립해 보자'는 이야기가 나오는데요. 반도체 장비를 국산화한다고 해도, 기존 메모리 반도체나 시스템 반도체 메이커들은 장비를 잘 바꾸려고 하지 않습니다. 일종의 록인 효과 lock-in effect 때문인데요. 기존 장비에 대해 이미 공정 표준화가 되어 있는데 굳이 검증되지 않은 새로운 장비를, 가격이 다소 저렴하다는 이유만으로 함부로 들여와 바꾸기는 쉽지 않습니다. 이처럼 반도체 생태계에서의 의존도를 객관적으로 파악하고 왜 독립이 어려운지를 잘 따져 봐야 합니다. 그리고 우리가 이런 상황에서 취할 수 있는 전략은, 완전한 독립보다는 대체 불가능할 정도의 가격 대 성능비를 확보하고 차세대 기술에 대한 초격차를 어느 정도 유지하는 것입니다. 바로 이 지점이 한국에 위기이자 기회가 될 수 있다고 생각합니다. 특히 기회가 될 수 있다고 생각하는 이유는, 지금의 첨단 반도체 생산 기술들이 제조 공정 면이나 공학, 물리, 가성비 측면에서 한계에 봉착하고 있다는 게 눈에 보이고 있기 때문입니다. 기존 반도체 산업에서든 AI 반도체를 생산하는 영역에서든 한계가 명확해졌고, 현재의 방식으로 돌파하기 어렵다면 반드시 어떤 새로운 혁신이 나와야 하겠죠. 적어도 그 한계를 우회할 수 있는 다른 괜찮은 방법들이 나와야겠고요. 이런 '혁신'과 '새로운 방법'을 구성할 수 있는 원천 기술에서 한국이 조금이라도 대체 불가능한 요소를 선점할 수 있다면, 한국은 당분간 글로벌 반도체 공급망을 포함해 첨단 산업 생태계에서 대체 불가능한 나라로서의 지위를 유지할 수 있을 거라 생각합니다.

죽느냐 사느냐, 갈림길에 선 한국

이희옥 보통 한미 관계를 린치핀, 미일 관계를 '코너스톤cornerstone'이라고 얘기하거든요. 국가 간 관계에서 발언권을 가지려면 린치핀보다는 코너스톤이 되어야 하죠. 그로부터 비로소 우리가 '한국형 대응 전략'을 만들 수 있을 거예요. 지금은 참호를 파고 돈을 쓰고 지구전을 준비해야 하는 단계이지, 섣불리 행동하는 건 굉장히 위험할 수 있겠다는 판단도 들고요. 차 교수님, 어떠세요? 미국은 중국을 배제하는 데 진심인 것 같고, 중국은 나름대로 우회로를 찾을 수밖에 없을 것 같고. 제재와 결핍의 역설, 강요된 자립화 이런 말들이 모두 기정사실이 된 것 같거든요. 키신저 Henry Kissinger도 말년에 우려했던 상황들이 나타나고 있고요. 이런 여러 불안 요소나 우려가 국제 정치에서 굉장히 안 좋은 방식으로 퍼질 가능성이 높아 보이는데, 혹시 지금의 상황이 전 지구적 평화를 위협하게 될 수도 있을까요?

차태서 지금 당연히 지구적 평화를 위협하는 방향으로 흘러가고 있어요. 방금 키신저를 언급해 주셨는데, 2024년 연말에 《새로운 질서 Genesis》라는 책이 나왔죠. 에릭 슈미트 전前 구글 회장과 키신저가 공저한 책이고 니얼 퍼거슨이 서문을 썼는데, 그 서문에 실린 내용 중 굉장히 감동적인 부분이 있었습니다. 키신저는 거의 100세를 바라보던 90대, 삶의 마지막 국면에서도 AI 문제에 골몰했어요. 마지막에 중국을 방문했을 때도 시진핑과 만나서 AI 문제를 논의했다고 하더라고요. 자신은 AI 문제가 인류 전체의 생존 문제와 직결되어 있다고 규정하고 있고, AI로 인한 여러 가지 문제를 어떻게 통제할 것인가에 미국과 중국이 함께 머리를 맞대야 한다고요. 또 '두 층위의 정렬 alignment' 문제가 걸려 있다고 표현했는데, 두 층위의 정렬이란 어떻게 하면 AI의 행동이나 목표를 인간의 가치에 맞게 일치시킬 것인가, 그리고 AI를 사용하는 데 있어 미국과 중국이 어떻게 협력해 나갈 것인가 이 두 가지를 말합니다. 키신저는 마지막까지 이 문제에 몰두하다 세상을 떠났습니다. 그런데 키신저는 이런 문제를 핵 문제와도 연결했던 것 같아요. 1950년대, 키신저는 핵 기술이라는 새로운 기술 발전이 인류 전체를 공멸의 위기 속으로 몰아가고 있다고 판단했고 그를 어떻게 통제할 것인가를 고민했었죠. 만약 핵전쟁이 발생한다고 해도 어떻게 하면 또 한 번의 세계 대전 확산으로 가지 않도록 제한전limited war으로 억제할 수 있을까. 이를 고민했던 게 1950년대 키신저의 작업이었다고 한다면, 2020년대에는 AI와 핵이 결합해 미중 경쟁이 단순한 AI 경쟁을 넘어 핵과 얽힌 새로운 군비 경쟁으로 비화하는 상황을 어떻게 막을 수 있을지를 마지막까지 고민했다고 합니다. 앞서 제가 장주기 이론에 대해서도 설명했지만, 지금은 사실 미중 경쟁, 특히 기술 경쟁이 한쪽이 다른 한쪽의 패권 획득을 저지하는 차원으로 이해되고 있잖아요. 미국과 중국도 국제정치학의 현

미중 관계 레볼루션

실주의 이론, 전형적인 제로섬 차원에서 경쟁하고 있고 우리 안에서도 '이런 현실주의적 경쟁 속에서 한국은 어떻게 대응해야 하는가'라는 질문이 던져지고 있고요. 그런데 흥미로운 점은, 현실주의자로 알려진 키신저가 마지막에 붙든 화두는 오히려 상당히 이상주의적인 질문이었다는 사실입니다. 현실주의적인 논리 안에 AI라는 기술을 그냥 내버려 둔다면, AI 문제를 군비 경쟁이나 국가 간 패권 경쟁이라는 틀로만 이해한다면 마치 〈오징어 게임〉 속 대사처럼 "이러다가는 다 죽는다"고 본 거죠. 《새로운 질서》의 서문에서도 이를 계속 강조하고 있습니다. AI 통제와 국가 간 협력은 단순히 어느 나라가 패권을 쥐느냐의 문제가 아니라 인류 전체의 생존과 직결되어 있다는 이야기를 하고 있어요. 이는 학자뿐만 아니라 우리 모두 고민해야 할 문제라고 생각합니다. AI 문제는 미중 간 경쟁 구도를 훨씬 뛰어넘는 차원의 문제고, 이걸 같이 고민해 봤으면 좋겠습니다.

권석준 한 가지 첨언을 드려도 될까요? 저도 최근에 《새로운 질서》를 읽었습니다. 아까 말씀하셨던 것처럼 키신저는 현실주의자였잖아요. 키신저는 2022년 오픈 AI가 나온 걸 보고 2023년에 돌아가셨죠. 그런데 키신저가 2018년 《디 애틀랜틱The Atlantic》에 AI의 발전과 인류 문명 절멸 가능성에 대한 아주 인상 깊은 칼럼을 쓰신 적이 있습니다. 16세기 스페인의 침략으로 절멸당한 아즈텍 문명과 마야 문명을 예로 들며, AI가 인간의 이해력 범위를 넘는 방식으로 학습하고 판단할 수 있는 날이 오면 인류 사회가 예측 못한 충격에 의해 붕괴될 수 있다고 우려했는데요. 제가 이 말씀을 왜 드리냐면 AI, 특히 '강인공지능Aritificial Super-Intelligence, ASI' 수준으로 진화한 AI는 분명 인류 문명을 공멸 상태로 만들 수 있는 전략 핵무기에 비견될 정도의 기술인데요. 그래서 작년까지만 하더라도 '안전한 AI'가 필요하다, AI 규제가 필요하다, 그를 위한 어느 정도의 국제 공동 규범도 필요하다, 이런 쪽으로 어느 정도 의견이 모이고 있었거든요. 그런데 2025년 2월에 기조가 바뀌었습니다. 2월에 프랑스 파리에서 제3회 AI 행동 정상 회의AI Summit 2025가 있었어요. 각국 정상들이 참석했고, 미국에서는 밴스 부통령JD Vance이 왔습니다. 그 회의에서도 점점 발전하고 있는 AI에 대한 규범이 필요하다든지, 안전 규제를 마련하자든지, 각국이 규범을 함께 모니터링하는 기구를 만들자든지 하는 굉장히 구체적인 이야기들이 오고 가며 AI 규제에 대한 의견 수렴이 이루어지고 있었는데요. 폐막일 당일에 밴스 부통령이 돌연 합의문에 서명하지 않았습니다. 그러면서 "미국에게는 지금 AI 규제보다 AI를 적극적으로 활용하는 것이 더 중요하다. 우리는 AI를 국가적 수익과 이익을 위한 전략적 도구로 삼을 것이다"라고 아주 노골적으로 이야기했습니다. 이 입장이 올해 7월 23일 발간된 백악관 과학기술정책실의 AI 보고서 '인공지능 행동 계획 America's AI Action Plan'에 담긴, "연방 정부 차원에서 AI에 대한 최소한의 안전장치까지 모두 걷어낼 것이며 규제 없이 AI를 최대한 빠르게 발전시킬 것"이라는 내용을 통해 재확인됩니다.

저는 미국의 AI 전략이 단순히 AI 패권 차지에만 있지 않고, 강인공지능 분야를 먼저 선점하는 것에 있다고도 생각하고 있습니다. 강인공지능은 일각에서는 '인공일반지능 Artificial General Intelligence, AGI'으로 불리기도 하고 다른 쪽에서는 '초인공지능 Artificial

Superintelligence, ASI'으로 불리기도 하는데요. 각 표현에 약간의 뉘앙스 차이는 있지만, 가장 핵심적인 공통 특징은 그 단계까지 도달한 이후부터는 더 이상 인간이 관여할 수도 없고 관여할 필요도 없이 자체 진화self evolution가 가능한 인공지능이 된다는 겁니다. 미국이 이런 ASI를 선점한다는 것은 전략 핵무기나 단순히 일종의 게임 체인저를 갖게 되는 것 이상의 일입니다. 완전히 '승자독식winner takes all' 할 수 있는 무기를 확보하겠다는 의도로 해석할 수 있기 때문입니다. 핵무기도 처음에는 그런 무기가 될 줄 알았지만 결국 원자폭탄을 넘어 핵융합 방식으로 작동하는 수소폭탄 같은 대량 살상 무기Weapons of Mass Desturuction, WMD로 규정되었고 상호 확증 파괴Mutual Assured Destruction, MAD라는 '공포의 균형' 구조 안에 들어갈 수밖에 없었는데요. 미국은 AI 분야에서 같은 실수를 반복하고 싶어 하지 않는 것 같습니다. ASI를 먼저 선점하고, 그렇게 함으로써 패권을 차지하고, 차지한 패권국 지위를 아예 비가역적인 상태로까지 발전시키고 싶어 하는 것 같다는 생각이 듭니다. 중국은 키신저를 만날 때만 하더라도 아까 차 교수님께서 말씀하신 키신저의 이중 정렬 이야기에 대해 어느 정도는 동조하는 상황이었는데, 2025년 2월에 밴스 부통령이 보인 행동이나 7월 재확인된 ASI를 향한 미국의 패권 전략을 보면서 생각을 바꾸고 있는 것 같습니다. 중국도 지금 '이제부터는 ASI 선점 경쟁이다, 이 영역은 국가 간 합의가 가능한 단계를 넘어섰다, 앞으로 무한 경쟁이다'라는 방향으로 가고 있는 것 같아요. 저는 이런 변화가 미국과 중국뿐만 아니라 앞으로 한국에 미칠 영향이 심대하다고 생각합니다. 특히 미국은 ASI를 내세우며 '미국이 만들고 있는 AI 생태계에 들어오라'고 다른 나라들에 강요하고 있어요. 예전에는 그래도 선택의 여지를 줬다면, 이제는 '모 아니면 도'입니다. 우리가 구축한 생태계에 들어오든지 아니면 우리의 적이 되든지. 현재 미국의 동맹국인지 우방국인지, 지금까지 미국과 얼마나 친한 나라였는지는 이제 큰 의미가 없어졌습니다. 우리는 지금 미국이 주도하는 4차 산업 혁명으로의 이행 단계에서, 역사의 한 페이지를 가르는 결정적 순간을 지나고 있다고 생각합니다. 여기서 한국이 어떤 선택을 내리느냐, 그리고 그 선택이 우리 스스로 제어할 수 있는 판단에 기초하느냐가 앞으로 국가의 운명을 결정짓는 핵심 변수가 될 것 같습니다.

중국 AI 혁신의 네 가지 비결

이희옥 미국의 AI 정책을 보면 중국과 협력할 생각은 전혀 없는 것 같아요. 제가 얼마 전에 쓴 책의 제목을 《중국의 미래, 대안을 묻다》라고 붙였어요. 미국은 이제 더 이상 패권국으로서 새로운 국제 공공재를 만들어 내기는 어려운 상황입니다. 그런데 중국은 이제 막 글로벌 리더십을 설계하기 시작했기 때문에, 앞으로 어떻게 국제 질서를 구축하느냐에 따라 세계 질서의 판도가 달라질 수 있습니다. 역설적으로, 지금 중국이 국제 사회에서 신뢰와 정당성을 확보할 수 있는 결정적인 기회가 다가오고 있어요. 그래서 정치, 경제, 사회, 문화 여러 가지 맥락에서의 중국의 대안을 한번 생각해 보자는 것이 책의 내용입니다.

중국이 현재 강요된 자립화 속에서 펼치고 있는 인공지능이나 과학 기술 정책을 보면 굉장히 속도감 있고 놀라워요. 그 정책들의 방향을 몇 가지로 구분해 보면, 우선 인재를 키워내는 방식이에요. 권 교수님께서 STEM 분야 박사들이 중국에서 어마어마하게 배출된다는 얘기를 해 주셨는데, 매년 8만~9만 명 수준이라고 하잖아요. 중국의 대학 졸업자 수가 매년 1200만 명 정도 되는데요. 그중 약 절반이 STEM 분야 전공 출신입니다. 우리는 그 규모를 도저히 따라갈 수가 없습니다. 게다가 패스트트랙으로 훈련하죠. 이렇게 선발된 인력을 키우고 돈을 투자하는 규모도 굉장합니다. 화웨이가 작년에 매출이 엄청 늘었거든요. 그런데도 적자를 기록했습니다. 매출이 늘었는데 적자였던 이유는 우리 돈으로 약 32조 원을 R&D에 썼기 때문입니다. 작년에 지방 정부까지 포함해 중국이 R&D에 투자한 규모가 800조 원 정도라고 해요. 우리나라 1년 예산보다도 더 많습니다. 거기에 순수 기초 과학에 쓴 돈만 한 40조 원이라고 하는데, 우리나라 정부 R&D보다 많죠.

   중국 사람들은 손해 보는 걸 엄청나게 싫어합니다. 그리고 내 손에 잡히지 않으면 그건 물건이 아니에요. 상인이라는 말이 '상나라 사람'이라는 뜻입니다. 장사를 수천 년 한 그 경험이 중국에 있잖아요. 최근 중국 태산에 올라가 보면요, 태산이 깨끗해졌다고 해요. 'B2'라고 하는 로봇 개가 태산의 쓰레기를 청소하기 때문이에요. 스타벅스 커피가 만리장성까지 드론으로 배달됩니다. 이렇게 생활 현장에서 이미 로봇이 아주 많이 활용되고 있어요. 화장실에서 소변을 보면 그 즉시 당뇨 지수를 측정해 보여 주는 기계도 있어요. 이에 비하면 우리나라는 아날로그 방식이죠. 이런 '속도와 수준의 차이'가 바로 상업화 때문에 나타납니다. 상업화가 되어야 혁신을 추동하는 동력이 생기거든요.

또, 이 모든 것들을 묶어 내는 정책적 의지가 눈에 띕니다. 권 교수님께서 말씀하셨던 중국의 미들업 방식이 중요한 지점인데, 그걸 가능하게 하는 힘이 정부에 있습니다. 중국을 '당국가체제party state system'라고 하잖아요. 당이 국가를 만들었기 때문인데, 이 체제에서 가장 중요한 건 바로 당이죠. 그리고 당에서 정말 중요한 조직 중 하나가 중국 공산당 최고 지도부로 이루어진 중앙정치국입니다. 중앙정치국에 24명이 있는데, 그들을 포함해 약 40명이 모여서

30~40일에 한 번씩 '정치국 집체학습'이라는 걸 합니다. 중요한 정책 결정을 거기서 하죠. 그런데 이 회의에서 지난 4월에도 인공지능에 대해 토론했어요. 그전에는 양자 역학을 주제로 토론했고 더 전에는 디지털 차이나, 빅데이터가 토론 주제였고요. 정책을 결정하는 최고위층들이 칸막이를 허물고 앉아서 하는 논의의 주제가 이런 것들이라는 것은, 국가가 이 분야에 대해 그만큼 절박하다는 뜻입니다. 왜냐하면 지금 중국의 분위기가 체육을 하는 사람들도 자기 분야에서 AI를 활용할 생각을 하고 있고, 농업 종사자도 마찬가지고, 심지어 경찰도 그렇고요. AI가 전 사회에 실핏줄처럼 퍼져 가고 있어요. 그리고 중국은 과학 기술의 정책 성과에 대해 과장해서 이야기하지 않습니다. 이거, 우리가 굉장히 유념해야 하는데요. 중국어로 '진르즈紧日子'라는 말이 있습니다. 긴축하고 궁핍하게 지내는 시기라는 뜻인데, 이 말에는 '지금은 준비할 때지, 성과를 과장하며 잘난 척할 때가 아니다'라는 속뜻이 있습니다. 그만큼 중국은 자신들의 과학 기술 수준을 밖에서 평가하는 것보다 의도적으로 더 낮게 평가하고 있을 수 있다는 겁니다.

화웨이의 설립자인 런정페이는 이런 말을 했습니다. "내 아들딸도 지금 아이폰 쓰고 있다"라고요. 화웨이 안 쓴다는 겁니다. 2023년에 사망한 리커창 총리는 당나라의 한 시를 인용해 "10년 동안 한 자루의 칼만 갈겠다 十年磨一劍"라고 했고, 시진핑도 "우리 아직 멀었다. 갈 길이 너무 멀다"라고 했죠. 중국의 첨단 기술, 미래 기술에 대한 정책적 의지를 지도자들의 이런 말들에서도 엿볼 수 있습니다.

마지막으로는 국제화입니다. 'AI 실크로드' 같은 게 대표적이잖아요. 미국과 유럽이 중국산 AI를 쓰지 않는다면 다른 어디론가 시장을 확장해야 하죠. 이렇게 시장을 넓히려는 과학 기술 외교까지 결합한 것이 바로 중국 인공지능 경쟁력의 비밀이 아닐까 합니다.

우리가 이걸 다 따라갈 수 있으면 좋은데, 우리는 무작정 따라가려 하다간 큰일 납니다. 역량도 부족하고, 필요한 자원을 과연 어디서 어떻게 확보할 수 있을까요? 그리고 우리는 민주주의 국가잖아요. 인권이나 프라이버시 문제는 굉장히 중요하죠. 중국이 현재 가고 있는 길을 그대로 우리의 길이라고 생각하면 많은 모순이 발생합니다. 이런 것들을 염두에 두면서

미중 관계 레볼루션

중국의 혁신을 있는 그대로 바라보고, 한편으로는 우리가 가야 할 길에 중국의 경험을 선택적으로 활용하는 방안을 찾아야 하지 않을까 생각합니다. 그래서 저는 한국의 AI 과학 기술에 대한 민주적 거버넌스가 굉장히 중요하다고 생각하는데요. 권 교수님께서는 어떻게 보십니까?

한국이 중국의 길을 따를 수 없는 이유

권석준 제가 주로 연구하는 분야에서, 중국은 지금 추격하고 있다는 개념을 초월한 지 오래입니다. 이제 중국은 아예 추월해 나가고 있어요. 예를 들어서, 재료 공학을 연구하시는 분들이 보통 톱 저널이라고 부르는 《어드밴스드 머티어리얼즈 Advanced Materials》라는 저널이 있는데요. 독일의 와일리 Wiley-VCH라는 학술 출판사에서 발행하는 저널입니다. 이 저널이 2024년 한 해 동안의 통계를 보고한 적이 있습니다. 보니까 저널에 게재된 논문의 약 60퍼센트가 중국 연구 기관에 소속된 저자들이 쓴 거였어요. 중국인 말고도 중국계 연구자까지 합치면 비공식적으로는 80퍼센트 정도라고 합니다. 무슨 얘기냐면, 이게 말만 독일 저널이지 사실상 중국 저널이 됐다는 거예요. 다른 학문도 마찬가지겠습니다만, 어떤 학문이 특정 국가나 기관에 치우치기 시작하면 점점 그에 예속되기 시작합니다. 다른 충격적인 얘기도 들었는데, 국내에서 연구를 굉장히 잘하시는 한 교수님이 어느 순간부터 "미국 학회를 1년에 한 번 간다면 중국 학회는 1년에 두 번 간다"라고 했다는 거예요. 왜 그런가 했더니, 이제 상당수의 공학 분야는 중국 학자들이 트렌드를 주도하고 있고, 그를 따라가지 못하면 그저 '빠른 추격자fast follower' 정도에 그칠 거라는 위기의식 때문이었습니다. 그래서 요즘에는 미국보다 중국에 더 많이 가는 게 좋다고 말씀하신 거죠.

    이런 얘기를 들으면, 또 현장에서 중국 연구자들이 양적인 면은 물론이고 질적인 면 그리고 영향력 면에서 너무나 앞서가는 걸 보면 한편으로는 부럽습니다. 일단 저들은 대학에서 좋은 연구를 하기 충분한 R&D 지원이 있고요. 성과가 좋은 교수들은 웬만한 대학 총장보다 연봉이 더 높다고 합니다. 그 정도로 중국은 이공계 분야에 있어서 능력을 대우해 주고 있는 거죠. 그런데 한편으로는, 이 교수님께서 말씀하신 것처럼 우리가 이걸 다 따라가기도 어렵지만 그대로 해서도 안 된다는 생각이 듭니다. 우리는 우리의 헌법과 민주적 거버넌스를 지킬 수밖에 없고, 민주적 거버넌스야말로 투명성, 합리성, 공정성, 그리고 우리가 참여할 수 있는 많은 민주적인 채널들을 보장해 주기 때문에 포기할 수 없죠. 과거 개발 시대에 존재했던, 산업 정책을 앞세워 사회적 문제를 등한시했던 구태로 돌아갈 수는 없습니다. 그럼에도 불구하고, 우리가 어느 정도는 중국에서 배울 수 있는 것들은 취사선택해 배워야 한다고도 생각합니다. 사실 민주적 거버넌스라는 게 겉으로 봤을 때는 굉장히 느려 보입니다. 중국에는 '미국이나 서구권이 지금 중대한 산업의 전환 단계 앞에서 민주주의만 앞세우다가 타이밍을 놓치고 있고, 혁신이 느리게 진행되고 있다'고 얘기하는 학자들이 있죠. 결과적으로 집단 지도 체제, 특히 당이 중심이 되어 엘리트들이 정책을 만들고 밀고 나가는 중국의 방식이 맞지 않냐고요. 이게 겉보기로는 그럴듯한 얘기처럼 들릴 수 있을지 모르지만, 장기적인 지속 가능성 측면에서 봤을 때는 무척 위험한 발상이라고 생각합니다. 중국 당-정부가 아무리 엘리트로 이루어져 있고 아까 이 교수님께서 말씀하셨던 24명의 정치국 위원 하나하나가 한 분야에 대해서 10년의 칼을 갈 수 있을 만큼 전문성이 있다고 해도, 그들 모두가 그 거대한 산업이나 경제 생태계를 일일이 파악할 수 있는 건 아닙니다. 특히 톱다운 방식 산업 정책의 가장 큰 맹점 중 하나는 과연 어디에서 파괴적인 혁신이 나올 수 있을지 그 징조를 발견하기가 매우 어렵다는 겁니다. 너무 위에서부터 정책이 내려오다 보니까 밑바닥에서 뭐가 꿈틀대고 있는지 발견하는 게 어렵죠. 물론 누군가는 이렇게 얘기합니다. 중국은 연구자도 많고 우수한 젊은 인재가 주로 이공계로 가니까 그만큼 맹아도 많이 싹트지 않겠느냐고요. 문제는, 그 맹아가 제대로 궤도에 올라타기 위해서는 중국의 산업 정책을 주관하는 사람들의 눈에 들어야 한다는 겁니다. 그런데 그러기가 쉽지 않다는 거죠.

지금까지 중국에서 어느 정도 효과를 거두고 있는 것처럼 보이는 톱다운 방식 또는 미들업 정책 같은 것들이 단기적으로나 중기적으로는 일정 성과를 거둔다는 점은 확실하게 실증 데이터를 통해 증명되었지만, 항구적으로 지속 가능한 방식인지에 대해서는 보다 냉철한 관점에서 분석해야 합니다. 우리가 따라갈 수 있는 부분은 따라가되 중국과는 분명히 차별화해야 하는 부분들이 있고, 특히 투명한 경영을 바탕으로 더욱 창의적인 시도를 이어 가면서 동시에 혼자 감당하기 어려운 과제는 연합을 통해 풀어 가는 전략이 필요하다고 봅니다.

적시의 정부 개입은 반드시 필요하다

이희옥 김영한 교수님, 권 교수님이 이야기를 꺼내 주신 김에 이야기를 좀 더 이어 가 보면요. 과학 기술에 대한 중국의 전형적인 국가 자본주의적 모델이 얼마나 지속 가능성이 있다고 보시는지요. 또 미국은 어떨까요? 미국도 지금 중국과 비슷한 모델로 가고 있잖아요. 미국이 이렇게 간다면 독자적인 생태계를 안정적으로 유지할 가능성이 있을지요.

김영한 경제학적 맥락에서, 정부는 민간 부문이 스스로 해결할 수 없는 시장 실패를 교정하기 위해 존재합니다. 이런 맥락에서, 과학 기술 및 산업 경쟁력에 있어 시장 실패가 발생하지 않는다면 정부의 개입은 최소화되어야 합니다. 하지만 시장 실패가 분명하게 나타난다면 당연히 정부는 이 시장 실패의 교정을 위해 적극적으로 개입해야 하고요. 한편 시장 실패의 가장 근본적인 원인은 외부 효과입니다. 외부 효과란 비용을 지불하지 않은 사람에게까지 혜택이 돌아가거나, 혹은 아무 잘못도 없이 피해가 발생하는 현상을 말하죠. 이러한 외부 효과가 바로 자원이 효율적으로 배분하지 못하는 상황인 시장 실패를 초래합니다. 그런데 시장 실패는 민간 부문, 즉 시장이 자체적으로 교정할 수 없거든요. 외부 효과로 인한 시장 실패는 궁극적으로 공공재를 제공하기 위해서 만들어진, 공공적 의사 결정을 하는 정부가 나서서 교정해야 합니다. 만약 정부가 시장 실패를 교정해 주지 못한다면, 그때는 우리가 익히 알고 있는 산업 혁명 이후의 상황처럼 사회가 지속 불가능한 방향으로 갈 수밖에 없습니다. 따라서 교수님께서 질문하신 AI나 여러 첨단 기술들을 개발해 나가는 과정에서 정부가 어떤 역할을 해야 할 것인가라는 문제는, AI나 첨단 기술 산업이 얼마나 강한 외부 효과를 일으키는 산업인지의 문제와 연결됩니다. 외부 효과 중에서도 소위 '망 외부 효과Network externality'라는 게 있습니다. 예를 들어 컴퓨터 운영 체제의 경우, 현재 상업용 컴퓨터 시장에서는 마이크로소프트의 운영 체제가 사실상 자연 독점 형태를 이루고 있지 않습니까? 그건 왜냐하면, 사람들이 어떤 기술을 쓸 때 나도 그와 똑같은 기술을 써야만 효용이 높아지고, 기술 사용자가 늘어날수록 그 기술을 사용하는 모든 사람이 더 편리해지기 때문인 건데요. 이를 '망 외부 효과'라고 합니다. 그런데 AI나 관련 기술들이 바로 망 외부 효과의 극단적인 사례거든요. 그래서 마이크로소프트 사례처럼 필연적으로 독과점 현상이 발생할 수밖에 없고요. 그만큼 이희옥 교수님께서 말씀하신 국가 자본주의라는 표현처럼, 모든 정부가 팔을 걷어붙이고 산업에 깊이 개입하고 있는 상황인데요. 경제학을 공부하고 있는 저는 그런 형태의 깊은 정부 관여가 일정 부분 불가피하다고 봅니다.

그렇다면 이런 상황에서 우리는 어떤 길을 가야 하는지에 대한 질문이 남죠. 만약 정부가 손을 놓는다면… 그건 그야말로 '자포자기'이자 '책임 방기'나 다름없습니다. 물론 우리가 기술 분야에서 세계적인 리더십까지 갖기에는 많은 어려움이 있겠지만, 적어도 우리 경제와 기술의 존속을 위한 차원에서 일정 시장 지배력을 갖추려면, 매우 강한 망 외부 효과가 나타나고 있는 지금의 AI 산업에서 정부가 절대로 손

그림 2

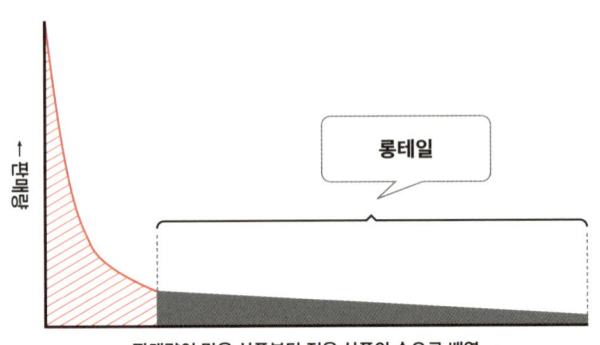

롱테일 법칙을 나타낸 그림. 롱테일 법칙이란, 전통적인 시장에서는 소수의 인기 상품이 매출의 대부분을 차지했으나 유통망과 기술 발전 등으로 틈새 상품을 효과적으로 판매할 수 있게 되면서 틈새 상품의 판매 총합이 인기 상품의 판매 총합을 뛰어넘을 수 있다는 이론이다.

미중 관계 레볼루션

을 놓고 있으면 안 됩니다. 미국이나 중국이 손을 대지 못하고 있는 틈새시장에서 기술적 지배력을 갖추기 위한 정부의 강력한 정책적 노력과 투자, 민간 기업들과의 협업 구조 구축 등이 절실히 필요합니다. 미국이나 중국과의 수평 경쟁은 매우 무모한 일이겠지만 소위 '롱테일 법칙The Long Tail'이 AI 시장에서도 분명히 나타나고 있고, 그 롱테일 안에서 우리가 지배력을 확보할 수 있는 영역을 찾아 매우 적극적인 정부 주도의 투자와 민간과의 협업이 이루어져야 합니다. 이것이 정말 절박한 정책 과제라는 생각이 듭니다.

포스트 AI, 그다음 전장은 어디일까

이희옥 네, 감사합니다. 한 가지만 더 이야기하고 이번 주제 토론을 마무리하려고 합니다. '포스트 AI'라는 말이 있잖아요. AI 시대가 끝나고 나면 또 새로운 경쟁 산업이나 학문 영역이 생기겠지요. 어떤 것들이 있을지, 키워드 중심으로 짤막하게 한 분씩 돌아가면서 말씀해 주실까요? 아마 기술 분야가 제일 많을 것 같은데, 우선 차 교수님부터 부탁드립니다. 포스트 AI 시대에 주목해야 할 산업이나 새로운 경쟁 영역은 어떤 것들이 있을까요?

차태서   '포스트'라기보다는, 아마 AI가 결합해 경쟁이 시작될 것 같은데요. 이미 트럼프 대통령이 내세운 분야이기도 하고, 저는 우주 항공 분야가 앞으로 미국과 중국 사이에서 굉장히 뜨겁게 불타오를 경쟁 분야일 것 같습니다. 저번 취임사에서 트럼프가 '차세대 개척 영역next frontier'으로서 화성을 이야기했습니다. 구냉전 시절에 미국과 소련이 달 탐사로 한 번 붙었던 적이 있고 냉전이 끝나면서 경쟁도 중단된 분야인데, 그 이야기를 다시 꺼낸 겁니다. '골든 돔 Golden Dome[17]'도 같은 맥락인 것 같고요. 우주 공간을 누가 먼저 군사화할 것인가. 사실 이게 선점 효과가 굉장히 강한 분야거든요. 어느 한쪽이 먼저 우주를

---

17   2025년 5월 트럼프 대통령이 발표한 미국의 우주 기반 미사일 방어 체계. 초음속 미사일 등 첨단 위협에 대응하기 위한 프로젝트로, 적의 미사일이 본토에 떨어지기 전에 위성을 통해 실시간으로 탐지 및 요격하는 것을 목표로 한다. 개발과 최종 배치까지 최소 20년 소요, 총비용은 약 751조 원으로 추산되는 초대형 프로젝트다.

군사화하기 시작하면 늦게 시작한 다른 한쪽은 거기에 대등하게 올라서서 경쟁하기 굉장히 어렵습니다. 그래서 이 우주를 어느 쪽에서 먼저 선점할 것인지가 앞으로 상당히 큰 화두가 될 것 같습니다.

이희옥 선발 주자가 되어야 하는 것…. 맞습니다. 앞으로 우주가 굉장히 중요한 하나의 전략 경쟁 공간이 될 것 같아요. 김영한 교수님은 어떤 분야를 주목하고 계신가요?

김영한 경제학 공부를 하고 있는 입장에서 일종의 직업병인지는 모르겠지만, 저는 '어떤 요인들이 새로운 혁신을 만드는가'를 기준으로 생각하게 됩니다. 과연 새로운 기술의 힘이 혁신을 창조하는가, 혹은 그에 대한 수요와 필요성이 혁신을 탄생시키는가. 대부분은 이 두 가지가 상호작용하지만, 둘 중 어느 쪽이 더 중요한지를 보면 결국 수요가 혁신의 가장 절박한 추동력이 아닐까 생각합니다. 즉 '지금 인류의 가장 큰 결핍과 필요는 무엇인가'라는 질문으로부터 다음 경쟁 분야에 대한 힌트를 얻을 수 있겠죠. 지금 세계는 엄청난 기술 혁신과 놀라운 발전 속도를 보이고 있습니다. 하지만 그 혁신을 경험하고 있는 사람들이 과연 기술 혁신 이전에 비해 행복한가? 제 생각엔 아닌 것 같거든요. 그래서 앞으로 사람들의 주된 수요는, '사람들을 덜 불행하게 만드는, 혹은 행복하게 만들어 주는 분야'에서 나올 것 같아요. 이런 맥락에서, 앞으로는 새로운 스토리텔링을 만들어 내며 사람들의 기쁨을 높여 줄 수 있는 콘텐츠 산업, 스토리텔링 산업에서 새로운 혁신의 가능성이 크지 않을까 합니다. 사람들은 불행하고, 불행을 벗어나고자 하는 강한 수요가 있기 때문에. 엔터테인먼트 산업 형태일 수도 있겠고, 혹은 엔터테인먼트와 AI 산업과의 상호작용을 통해 생긴 새로운 산업일 수도 있겠죠. 지금처럼 AI가 생산비만 낮추는 게 아니라 사람들을 더 행복하게 만들어 주는 방향으로 활용되는, 그런 새로운 영역을 기대해 볼 수 있지 않을까요.

이희옥 과학 기술 영역은 어떨까요?

권석준 우선 앞으로 10~20년 내로 ASI 또는 AGI,

즉 '초지능'이 정말 등장할지의 여부가 중대한 전환점이 될 것 같습니다. ASI가 나오면 그동안 해결이 불가능한 난제라고 여겨졌던 영역들이 하나씩 정복될 가능성이 높아요. 일단 ASI에 가장 필요한 게 무엇인지를 생각하면, 바로 에너지입니다. 왜냐하면 ASI는 엄청나게 많은 컴퓨팅과 데이터를 필요로 할 텐데, 지금 수준의 전력 공급 시설만으로는 그에 필요한 어마어마한 에너지 수요를 감당하지 못합니다. 그러면 에너지를 확보하기 위해 뭐가 필요할까요? 가장 먼저 생각해 볼 수 있는 건 바로 핵융합 발전입니다. 핵융합 기술을 통해 에너지를 거의 반영구적으로 얻을 수 있다고 하거든요. 이 핵융합 발전은 플라스마를 수억 도의 초고온 상태에서 안정적으로 유지하는 게 핵심인데요. 이때, 쉽게 불안정해지는 플라스마 상태를 실시간으로 학습해 자율 제어할 수 있는 AI 기반 기술이 앞으로 상당히 중요한 이슈가 될 것 같습니다.

두 번째로 저는 '슈퍼 휴먼Super Human'을 꼽습니다. 이 개념은 2025년 9월 초에 있었던 중국 전승절 행사에서 시진핑 주석과 푸틴 대통령이 나눈 환담에도 등장해 화제가 되기도 했죠. 슈퍼 휴먼은 간단히 말해 늙지 않고, 병에 걸리지 않는 존재예요. 만약 어떤 장기에 문제가 생기면 손쉽게 교체합니다. 줄기세포를 배양한 장기로 바꿀 수도 있고, 아니면 인공 장기나 기계적 장치로 교체해 마치 사이보그처럼 될 수도 있고요. 실제로 일론 머스크가 만든 '뉴럴링크'라는 회사는 대뇌 피질에 신경망과 상호작용할 수 있는 일종의 칩을 심어서 사람의 지능을 선택적으로 증강시키는 기술을 연구하고 있습니다. 이렇게, 마치 SF에나 등장할 법한 기술들이 앞으로 더 많이 나올 가능성이 높은데요. 이게 가능하다고 생각하는 이유 중 하나는, ASI가 성립하게 되면 가장 먼저 적용될 수 있는 분야에 아까 말씀드렸던 에너지 영역뿐만 아니라 첨단 바이오 헬스 영역도 있기 때문입니다.

또, '인류의 난제'가 무엇인지를 생각해 보면 답을 얻을 수 있는데요. 현재 인류가 정말 갖고 싶어 하는 기술 중 '상온 상압 초전도체'라는 게 있습니다. 이게 개발되면 에너지도 손실 없이 전송할 수 있고, 무엇보다 양자 컴퓨터가 저렴한 가격에 더욱 빨리 보급될 수 있습니다. 양자 컴퓨터 시대로 향하는 하나의 '고속도로'가 생기는 것이죠. 마지막으로는 기후 적응

기술 분야입니다. 기후 위기는 이미 상수가 됐지요. 돌이킬 수 없는 거대한 글로벌 트렌드가 되어 버렸습니다. 물론 기후 문제 자체를 해결할 수 있다면 가장 좋겠지만, 앞으로는 재앙과도 같은 어마어마한 기후 변화 안에서도 인류가 적응하며 살아갈 수 있도록 하는 기술이 더욱 중요해질 겁니다. 변화한 기후에서도 살아남을 수 있는 작물이나 과실을 개발한다든지, 인간이 살아갈 수 있도록 기후를 적절하게 제어하는 기술이라든지요. 이런 쪽은 너무나 거대한 과학이긴 하지만, 이쪽에 AI가 들어오기 시작하면 우리가 생각하는 것보다 훨씬 빠르게 혁신으로 진입할 가능성이 높다고 생각합니다.

이희옥 공상 과학 소설에서나 보던 이야기가 현실화되고 있군요. 중국 속담에 이런 게 있습니다. '돼지도 하늘을 날 수 있다.' 원래 돼지는 날 수 없지만, 태풍이 부는 길목에 돼지를 세워 놓으면 날아갈 수도 있겠죠. 즉 기회를 잘 탄다면 불가능도 가능해질 수 있다는 의미인데요. 우리가 앞으로는 '앞차'를 따라가는 방식만으로 살아남기가 어려울 것 같습니다. 변화의 추이를 잘 살피며 차선을 변경해야 새로운 기회가 생길 수 있지 않을까요.

지금까지의 말씀을 요약하면 결국 인간의 욕망을 다룰 수 있는 산업이 바로 미래 산업 같아요. 성적인 욕망, 아름다워지고 싶은 욕망, 오래 살고 싶은 욕망, 그리고 행복해지고 싶은 욕망. 이런 쪽으로는 기회가 열려 있는 것 같거든요. 우리도 AI 반도체 이후 미래 산업에 대해 지금부터 준비하지 않으면 나중에 크게 뒤처질 수 있다고 생각합니다.

미래 연구를 하면서 느낀 점이 하나 있어요. '미래'라는 것을 먼저 기획해 놓고 거기에 모든 걸 맞추면 '진짜 미래'가 잘 안 보여요. 현재 가려져 있거나 부족한 것들이 무엇인지부터 파악하고 그로부터 미래를 발견해야 하는데, 우리는 자꾸 미래를 먼저 기획해 놓고 그걸 따라가기 때문에 실패해 왔던 것 같아요. 인간의 욕망과 필요가 무엇인지에 대한 고민을 기반으로 미래를 발견하려는 노력, 이것이 훗날 한국의 저력이 될 수 있지 않을까요. 무언가에 'K'를 붙이는 게 영 마뜩지 않지만, 'K-저력'이 필요하다는 말을 하면서 이번 주제 토론을 여기서 마칩니다.

미중 관계 레볼루션

4장

길 없는
길 위에서
살아남기

이희옥 지난 시간 동안 미중 관계의 형성과 변화 그리고 중요한 현안들을 살펴보았는데요. 가장 중요한 것은, 이렇게 미중 간 경쟁이 거세지고 국제 질서가 요동치는 상황에서 우리 한국이 어떻게 중심을 잡고 새로운 길을 찾아 나가느냐의 문제일 겁니다. 중국의 유명한 사상가이자 작가인 루쉰이 쓴 《고향》이라는 소설에, 땅 위에 원래부터 길이 있는 게 아니라 걸어가는 사람이 많아지는 곳이 곧 길이 된다는 말이 나옵니다. 이제 우리가 길을 찾아야 할 시간이 다가오고 있습니다. 지금까지 이어져 온 논의의 마지막으로, 그 길을 함께 고민해 보려고 합니다. 우리는 그동안 안미경중, 즉 '안보는 미국, 경제는 중국과 협력한다'는 말을 오랫동안 써 왔습니다. 그것이 한국을 비롯한 여러 국가가 택해 온 외교 전략이기도 했고요. 그런데 최근에는 미국과 중국 모두 '상대편에 배팅하지 말라'며 압박을 가하고 있고, 그로 인해 긴장감이 높아지고 있습니다. 양 국가 사이에서 편승을 극복하고 전략적 자율성을 확보해야 하는 지금, 우리는 어떤 길을 모색해야 할까요. 차태서 교수님. 한미 동맹의 딜레마 문제가 있죠. 비핵화 문제도 나날이 복잡해지고 있고 대만 문제도 있고요. 진심인지 아닌지, 또 트럼프 정부에서 나온 건지 공화당 내부에서 나온 건지는 모르겠습니다만, 최근에는 '한미 동맹 현대화'도 나타나고 있습니다. 이러한 상황에서 한국 외교 정책의 좌표와 방향을 어떻게 두어야 할지에 대해 한번 말씀해 주실까요?

휘말릴 것인가 버려질 것인가

차태서 한국 외교의 어떤 전반적인 전제랄까, 그동안의 기본적인 가정이 완전히 바뀌고 있다는 생각이 듭니다. 그리고 그렇게 된 가장 큰 원인은 저희가 쭉 해 온 논의에서도 반복적으로 나온 이야기지만, 지금까지 우리가 살아왔던 시대는 단극 시대, 미국 주도의 자유 세계 질서였다고 한다면 이제는 탈단극과 다극화 방향으로 가고 있습니다. 그러면서 국제 정치의 기본 틀이 바뀌고 있죠. 그 안에서 한국 외교의 맥락과 외교의 기본 문제가 완전히 재정의되고 있습니다. 한미 동맹이 대표적입니다. 한미 동맹의 성격 자체가 변화하면서 딜레마의 성격도 전환되고 있는데요. 이를 이해하기 가장 쉬운 사례가 최근에 불거지고 있는 대만 이슈인 것 같습니다. 미중 경쟁이 심화하면서 지정학적 이슈로서의 대만 문제가 굉장히 크게 부각되고 있죠. 미국과 중국이 만약 지정학적으로 부딪친다면 과연 어느 지역이 될 것인가를 물었을 때 대만이 많이 언급되고 있고, 그렇다면 대만에서 정말 어떤 사태가 벌어졌을 때 미국은 어떻게 행동할 것이며 그게 한미 동맹에 어떤 영향을 가져올 것인가를 놓고 고민하지 않을 수 없게 되었습니다. 과거에는 이를 시나리오 수준에서만 논의했다면 이제는 실질적인 '액션 플랜'을 고민해야 하는 단계까지 왔습니다. 이 문제에 대해서는 미국 외교 관료들 사이에서도 큰 논쟁이 벌어지고 있고요. 그런데 트럼프 정부 들어서 대만 문제가 특히 큰 논쟁거리가 될 수밖에 없는 이유가 있습니다. 바이든 정부까지만 해도, 대만 문제에 대한 질의가 들어오면 바이든은 굉장히 간명하게 답했습니다. 대만에서 유사 사태가 발생하면 어떡할 거냐고 물었을 때, '우린 군대를 파병해 지원할 것'이라고 대답했거든요. 그런데 트럼프는 자꾸 딴청만 피우고 있어요. 'TSMC 때문에 미국 반도체 생산이 제대로 안된다' 같은 소리를 하거든요. 더 심각한 것은, 현 미국 국방부 정책차관인 엘브리지 콜비 Elbridge A. Colby가 상원 청문회 때 "대만 문제는 미국에 매우 중요한 이슈이지만 존재론적 이해관계 existential interest가 걸려 있지는 않다"라는 표현을 썼어요. 사실 이건 현실주의적인 입장에서 굉장히 '살 떨리는' 얘기입니다. 대만 이슈가 물론 중요한 국익이 달린 사안이긴 하지만 전쟁을 해야 할 만큼 중요한 문제냐 하면 그렇지는 않다는 거거든요. 이렇게 현 트럼프 정부가 대만 문제에 대해 지금 뭔가 '다른 계산'을 하고 있는 것이 아니냐는 이야기가 나오고 있고, 앞으로 대만 문제를 놓고 미국과 중국 사이에 과연 어떤 다이내믹한 상황이 전개될 것인가라는 심각한 질문이 제기되고 있습니다. 이런 상황 속에서 우리도 한미 동맹의 딜레마에 대해 고민하지 않을 수 없게 되었습니다. 보통 '동맹 딜레마'라고 하면 국제정치학에서는 크게 두 가지의 딜레마를 얘기합니다. 하나는 '연루의 딜레마entrapment dilemma', 다른 하나는 '방기의 딜레마abandonment dilemma'입니다. 연루의 딜레마는 뭐냐 하면, 동맹 관계에 있는 나라가 다른 동맹국에 의해서 원치 않은 분쟁에 휘말려 들 수 있는 위험을 말합니다. 방기의 딜레마란 동맹국임에도 불구하고 굉장히 중요한 순간에 버려질 수 있는 위험이고요. 미중 경쟁이 심화하고 대만 문제가 첨예화되면서 지금 한국은 이 연루의 딜레마와 방기의 딜레마 양쪽 모두, 특히 대만 문제를 놓고 강화되는 상황을 겪고 있습니다. 이것이야말로 미중 경쟁의 격화 속에서 한국이 새로운 국제 문제에 처하게 되었다는 걸 단적으로 보여 주는 사례죠.

연루의 딜레마부터 먼저 보면, 대만에서 유사 사

태가 발생할 수 있다는 우려가 커지면서 실제로 지금 미국 트럼프 행정부는 여러 경로를 통해 우리에게 '대만에서 일이 터지면 너희는 어떻게 할 거냐, 말로만 답하지 말고 구체적인 액션 플랜을 들고 오라'고 계속 묻고 있는 상황입니다. 우리뿐만 아니라 호주나 필리핀, 일본에도 같은 질문을 던지고 있습니다. 더군다나 우리의 경우 대만에서 어떤 상황이 발생했을 때 주한 미군이 바로 출격할 수 있습니다. 그렇게 되면 중국이 어떻게 반응할 것인지, 또 우리에게는 북한 문제도 걸려 있는데 북한군은 과연 어떤 액션을 취할 것인지 등 각종 문제가 있죠. 그러니까 미중 갈등은 우리에겐 단순히 그 두 나라만의 문제가 아닙니다. 우리가 원치 않는 전쟁에 휘말려 들 수도 있다는, 연루의 딜레마를 강화하는 심각한 문제인 것이죠. 심지어 얼마 전에 주한 미군 사령관은 "한반도는 중국과 일본 사이에 있는 고정된 항공 모함 같다"라는 표현까지 썼습니다. 정말로 '장난이 아닌' 상황 속에서 한국은 지금 큰 위기 앞에 놓여 있습니다.

    방기의 딜레마는 예를 들면 앞서 말씀드린 엘브리지 콜비의 발언이 주는 공포입니다. 대만 이슈가 중요하긴 하지만 우리의 존재론적 이익이 걸려 있지는 않다, 우리가 대만 때문에 중국하고 핵 전쟁을 할 수는 없지 않은가, 미국이 이런 식의 계산을 하기 시작한다면 구냉전 초기의 애치슨 라인 선언과 비슷한 상황이 또 벌어질 수 있죠. 미국과 중국 사이 세력권 경계선을 어떻게 획정할 건지에 대한 이야기가 둘 사이에 실제로 오고 간다면, 우리는 마치 1970년대 박정희가 처했던 고뇌의 상황과 유사한 어려움 속에 놓일 수 있습니다. 월남전에서 미국이 후퇴하고 사이공이 함락됐을 때 박정희 정권이 처했던 실존의 공포와 고뇌. 그게 결국 독자 핵무장이라는 선택지를 택하는 상황으로까지 그 당시의 한국을 몰아갔던 것인데, 지금 만약 미국이 대만을 포기하거나 대만이 중립화하는 상황이 온다면 우리는 어떻게 될까요. 안 그래도 지금 보수적인 시민 사회를 중심으로 '우리도 독자 핵무장 해야 하는 거 아닌가' '과연 끝까지 미국을 믿어도 될까'라는 의문들이 나오고 있습니다. 그러니까 지금 굉장히 모순적인 상황인데, 한편으로는 연루의 딜레마가 강화되면서 또 다른 한편으로는 방기의 공포 또한 점점 커지는 그런 상황 속에 처한 겁니다. 이게 바로 우리가 직면하게 된 새로운 외교 환경의 일면입니다.

이희옥 차 교수님 말씀을 들으니, 국제 정세를 인식하는 전임 정부의 시각이 신냉전적 사고에 있었던 것 같아요. 그래서 연루의 위험을 그렇게까지 크게 고려하지 않았던 것 같고요. 연루된다고 해도, 동맹이 강화될수록 중국이 우리를 주목할 거라는 논리가 있었거든요. 그러니까 한미 동맹과 한일 관계가 강화될수록, 그리고 한미일 안보 협력이 고도화될수록 중국이 한국의 전략적 가치를 주목할 거라는 논리였죠. 그런데 그 판단대로라면 한중 관계가 좋아졌어야 하는데, 그렇게 되지 않았어요. 지금 중국은 구냉전 시절 소련과는 다른 거예요. 심지어 전임 총리는 국회에서 이런 말도 했어요. "중국 경제가 고꾸라지고 있다." 이 표현 그대로 말했습니다. 피크 차이나 문제도 그렇고 기술 시장에 대해서도 그렇고, 경제적 문제에 지나치게 정치적으로 접근했어요. 그런데 현실감은 매우 떨어져 있죠. 그래서 나온 게 '탈중국 논의의 재점검'이에요. 우리와 중국 간 무역 구조를 보면, 한중 무역

흑자 기조가 깨지고 적자 구조로 전환됐는데 이 추세가 계속 유지될 가능성이 높거든요. 그리고 중국에서 한국에 수출하는 품목 1등부터 10등까지가 김치나 의류 같은 게 아니라 전자기기, 부품, 소재, 반도체, 장비 이런 것들이란 말이에요. 중국이 우리에게 거꾸로 중간재나 자본재를 수출하는 구조로 지금 바뀌고 있어요. 이런 상황에서 '탈중국론'이란 걸 어떻게 해석해야 하고, 한국이 이 탈중국론을 어떤 방식으로 활용하거나 또는 극복해야 하는지가 중요한 의제로 떠오른 것 같은데요. 김 교수님은 어떻게 보시나요?

불가능한 탈중국과 필요한 탈중국?

김영한 제가 이해하기로는 우리가 자발적으로 먼저 탈중국 논의를 시작했던 게 아니라 미국에 '등 떠밀려서', 탈중국 안 하면 미국 시장에 접근 기회를 주지 않겠다는 협박에 의해 탈중국 논의가 시작됐던 것 같은데요. 그런데 이제 그 탈중국이 의미하는 바가 무엇인지, 미국이 우리에게 기대하는 탈중국은 대체 어떤 형태이고 또 우리가 생각하는 탈중국은 무엇인지, 한국 경제의 지속 가능성이라는 측면에서 현실적으로 어디까지 탈중국이 가능한지, 탈중국을 통해서 우리가 얻을 수 있는 것과 잃을 것은 무엇인지, 이런 여러 가지 문제를 자세하게 살펴야 합니다. 막연히 이데올로기적인 개념으로서의 탈중국이 아니라 구체적으로, 탈중국을 하면 우리가 치러야 하는 비용과 얻는 이익이 얼마나 되는지 계산을 뽑아 가며 접근해야 할 것 같아요. 우선, 과연 미국이 기대하는 형태의 탈중국, 즉 여러 공급망이나 첨단 기술 협력 부문에서 중국과의 전략적인 상호작용을 모두 끊는 식의 관계 단절이 과연 실현 가능한지, 또 우리 경제의 지속 가능성 측면에서 그게 과연 바람직한지에 대한 질문을 던질 수 있는데요. 제가 봤을 때는 근본적으로 난센스인 것 같습니다. 왜냐하면 아까 이희옥 교수님이 설명해 주셨다시피 지금까지 한국을 떠받쳐 온 수출 주도형 경제에서 제일 중요했던 게 중국 시장이었어요. 지금은 오히려 우리가 무역 수지 적자를 기록할 정도로 중국 시장의 성격이 매우 빠르게 바뀌고 있기는 하지만 여전히 중국은 우리의 최대 수출 시장이거든요. 이런 양국 간 경제 의존 구조상, 상대적으로 부가가치가 높은 기술 부문에서의 관계 단절은 불가능합니다. 그래서 중국과의 디커플링이나 탈중국이라는 용어 자체에 지나치게 중요성을 부여하는 일 자체가 제가 볼 때는 별 의미가 없는 것 같고요. 다만 중요한 것은, 우리 경제와 산업 구조의 지속 가능성을 떨어뜨리는 형태의 기형적인 중국 의존을 벗어나는 것입니다. 중국 시장 자체에 대한 지나친 의존, 또 우리 대기업들이 중국에 둔 생산 기지에 대한 과도한 의존을 벗어나는 것은 우리 산업 구조의 리스크를 최소화하는 차원에서 꼭 필요합니다. 위험을 줄이기 위한 일종의 포트폴리오 전략 차원에서요.

우리 경제에서 중국 시장이 차지하는 고유의 비중을 미국의 요구 때문에 과도하게 낮추려는 접근은 가능하지도 않고, 또 그런 논의 자체를 미국의 비위를 맞추기 위해 주도적으로 이어 나갈 필요도 없다고 봅니다. 아무런 전략적 이익이 없거든요. 그런데 사실 이건 미국에 대해서도 마찬가지인 것 같습니다. 과도한 의존을 줄이는 차원에서 탈중국이 필요하듯이 미국에 대한 기술 의존, 전통적인 군사적 의존, 국제 정치적 의존도를 고려하면 '탈미국화'도 마찬가지로 필요한 것 같거든요. 왜냐하면 이런 의존들이 우리의 지속 가능한 경제 환경을 위협하는 주요한 요인이기 때문입니다. 중장기적으로 기술적, 군사적, 국제 정치적 차원에서 미국으로부터의 자립도를 높여 나가는 전략적 접근은 우리나라의 영향력을 키우는 차원에서 역시 꼭 필요합니다. 그리고 그 영향력을 확보하지 못한다면, 우리가 아무리 장기적 목표를 설정해도 미국이나 중국의 요구에 따라 휘둘리는, 소위 외교적 '루저'가 되어 이리저리 등 떠밀릴 수밖에 없게 됩니다.

그래서 결론적으로는 탈중국이란 말에 지나치게 몰입하기보다는, 앞선 논의에서도 반복적으로 했던 이야기지만 결국 대체 불가능한 우리만의 기술력을 하루빨리 확보하는 게 중요하다고 봅니다. 기술적 리더십이 갖추어져야 연달아 경제적, 군사 안보적, 국제 정치적 의사 결정 과정에서도 힘을 발휘할 수 있게 됩니다. 아까 차 교수님이 설명해 주셨던 연루의 딜레마와 방기의 딜레마, 그게 지금 우리를 크게 위협하는 상황에서 기술 리더십이 없다면 우리는 앞으로 더욱더 등 떠밀리는 구조에 놓일 수밖에 없어요. 대체 불가능한 기술력을 가진다면 그런 딜레마적 상황으로부터 훨씬 자유로워질 수 있을 거고요.

이희옥 교수님 말씀을 듣고 보니 무역 다변화가 반드시 필요하네요. 우리가 경쟁력을 높이면 높일수록 무역 다변화가 촉진될 것이고, 무역 다변화는 다시 우리 경쟁력을 더욱 높여 줄 수 있는 것 같고요. 또 하나 살펴봐야 하는 문제가, 미중 전략 경쟁이라는 외부 환경에 기업들이 반응하는 방식일 텐데요. 제가 보기엔 '장사 안되는', 경쟁력을 잃은 기업들은 이미 중국에서 다 철수한 것 같아요. 그래도 세계 최대 시장 중 하나에서 계속 생존해야 할, 또는 생존할 만한 기업들은 여전히 중국에 남아 있거나 다시 들어가고 있고요. 유럽 기업들이 손쉽게 미중 전략 경쟁 환경에서 철수했다는 소식은 잘 안 들리죠. 우리 또한 전략적으로 사고할 필요가 있는데요.

권석준 네, 차 교수님께서 말씀하셨던 딜레마 문제의 연장선에서 논의해 보려 하는데요. 한국의 꽤 많은 반도체 생산 기업들, 그리고 그 기업의 협력 업체들이 중국에 많이 진출해 있었습니다. 지금까지도 여전히 비즈니스를 하고 있고요. 삼성전자는 중국 시안에 낸드 팹NAND Fab이 두 곳 있고요. SK하이닉스는 중국 우시에 D램 팹이 두 곳인데 최근에는 다롄에 있는 인텔의 낸드 팹인 '솔리다임 팹SOLIDIGM Fab'도 인수했고, 충칭과 수저우에 패키징 팹도 있고요. 아무튼 중국에 생산 기반을 그간 많이 확장해 왔습니다. 그런데 흥미롭게도 지금 중국이 갖고 싶어 하는 기술 중 하나가 바로 D램 쪽이에요. 특히 D램을 기반으로 만드는 HBM을 정말 간절히 확보하고 싶어 합니다. CXMT 같은 기업이 많이 따라왔다고는 하지만 여전히 하이닉스만의 노하우가 살아 있기 때문에, 중국은 자꾸 '우시에 있는 SK하이닉스의 D램 팹에서 HBM을 만들면 좋지 않겠느냐'고 요구하고 있습니다. 그런데 지금 미국 정부에서는 이러한 중국의 내재 접근 의도를 강력한 정책으로 통제하고 있죠. 미국은 중국이 AI 반도체를 내재화하기를 원하지 않는데, 만약 중국이 D램 기반 HBM을 확보해서

AI 반도체에 붙일 수 있게 되면 결국 중국에서 성능 좋은 AI 반도체 생산이 우회적으로 가능해지니 중국의 시도를 더욱 철저하게 막는 겁니다. 그래서 SK하이닉스는 점점 딜레마에 빠지게 되는 것인데요. 만약 하이닉스가 정말 중국 시장을 목표로 한다면 우시에 있는 D램 팹을 확장하고 장비들을 업그레이드하는 게 맞겠죠. 근데 그렇게 하려면 어플라이드머티어리얼즈Applied Materials나 램리서치Lam Research사 같은, 미국 메이저 회사들의 장비에 크게 의존해야 합니다. 물론 그 장비들을 활용해 SK하이닉스가 만든 칩을 다시 전량 해외 수출한다면 문제가 없습니다. 그런데 미국 상무부에서는 지금 '검증된 최종 사용자Validated End User, VEU[18]'라는 일종의 포괄 허가제를 시행하고 있어요. 만약 하이닉스의 우시 팹에서 만들어진 HBM이 화웨이의 어센드 칩 같은 NPU에 들어가

---

18 미국 상무부가 사전에 지정한 기업에 대해, 별도의 심사 절차 없이 수출 통제 품목을 포괄적으로 수출할 수 있도록 승인하는 제도. VEU로 지정되면 개별 허가 없이도 미국산 반도체 생산 장비를 들여올 수 있다. 삼성전자와 SK하이닉스의 중국 내 반도체 공장도 VEU로 지정되어 있었으나, 2025년 8월 미국 정부가 해당 인증을 철회한다고 공식 발표함으로써 유예 기간이 끝나는 2026년 1월부터 VEU 자격을 상실한다.

게 되면 이제 난리가 나는 거죠. 그렇게 되면 VEU가 결과적으로 SK하이닉스가 아닌 화웨이가 되어 버리고, 미국의 중국에 대한 인공지능 반도체 제재가 사실상 무용해지니까요. 이렇게, 우리 입장에서는 완전한 탈중국도 어렵지만 그렇다고 중국 시장에서 더 존재감을 드러내기 위해 투자를 마음껏 늘릴 수도 없는 딜레마에 처하게 된 겁니다. 그럼에도 몇 가지 기회가 있기는 해요. 아직은 우리가 미국 상무부에서 통제하지 않는 저부가가치 혹은 구형 칩들에 대한 경쟁력을 가지고 있습니다. 하지만 또 딜레마인 게, 기술 장벽이 낮은 분야는 중국의 업체들이 금방 따라온다는 겁니다. 그래서 아까 이 교수님 말씀처럼, 중국에서 그동안 손쉽게 이익을 취했던 기업들은 이제 호시절이 다 지났으니 빠져 나오고 있는 거죠.

그런 만큼, 원래 중국 시장이 차지하고 있었던 매출을 다른 시장으로 다변화하는 게 빠르면 빠를수록 좋다는 얘기를 많이 합니다. 대표적인 사례가 베이징 현대차예요. 현대차가 2015년 정도까지만 하더라도 중국 시장에서 꽤 존재감이 있었던 것으로 압니다. 특히나 베이징 현대는 중국 시장에서 한때 점유율이

10퍼센트까지도 갔는데, 잘 아시는 것처럼 그 이후부터 갑자기 중국 내수 시장이 BYD 같은 중국산 전기차 위주로 흐르다 보니까 지금은 아마 한 자릿수 점유율도 안 되는 걸로 알고 있습니다. 그렇지만 현대가 중국 시장을 놓쳤다고 그 이후에 내리막길을 걸었느냐 하면 그건 아니거든요. 오히려 미국 시장을 더욱 적극적으로 개척하고 유럽의 전기차 시장에 대한 투자를 늘리면서 채널을 다변화했죠. 이런 전략을 반도체 산업도 벤치마킹할 필요가 있는 것 같아요. 현재 중국이 한국을 따라잡지 못해 여전히 아쉬워하는 분야가, 반도체도 있지만 디스플레이나 OLED 같은 영역도 있어요. 또 의외로 조선업, 특히 대형 선박 건조는 일부 핵심 엔진 부품이나 LNG 액화 기술 등에 대한 한국 의존도가 상당히 높습니다. 아직은 한국과 중국의 기술 격차가 존재하고 어느 정도 기술 통제가 가능한 영역들이 한국에 남아 있는 만큼, 앞으로 계속 격차를 벌려 나가는 투자를 할 필요가 있어요. 동시에, 우리가 그동안 중국 시장에서 가졌던 미세한 기술 격차와 가격 경쟁력, 선두 기업으로서의 프리미엄이 사라지는 건 이제 시간문제에 가까운 만큼, 신흥 시장이라고 볼 수 있는 아세안이나 중앙아시아처럼 인구 대국이면서 나쁘지 않은 경제 성장률을 보이는 곳들로 시장을 조금씩 다변화할 필요가 있습니다.

이희옥 제가 중국 우한에서 목격한 자율 주행 자동차 렌트 시장이 떠오릅니다. 곧 자율 주행 자동차 시대가 올 텐데, 자율 주행이라는 기술도 빅데이터 없이는 불가능하잖아요. 그런데 우리의 경우 테스트 베드test bed가 부족하고 규제가 강합니다. 이런 상황에서 빅데이터를 어떻게 흡수할 것인지에 대해 기업이 전략을 잘 짜야 해요. 아까 권 교수님이 말씀하신 것처럼 품목별, 전략별, 기술별로 어떤 분야 무역을 다변화할지, 또 어떤 분야는 미국을 중요하게 의식해야 하는지… 비단 자율 주행 기술뿐만 아니라, 앞으로는 이런 식의 섬세한 접근이 필요할 것 같습니다. 그러면서 미래 산업에도 투자해야 하고요. 엔비디아가 얼마 전 상하이에 R&D 공장을 짓기로 결정했어요. 영국의 제약사인 아스트라제네카가 다시 대형 투자를 시작했고요. 이런 흐름을 읽어 가며 품목별로, 업종별로 굉장히 실용적으로 접근해야 하지, 너무 이데올로기적인 접근으로만 한국의 탈중국을 논의하면 길이 잘 보이지 않겠지요.

지금 우리 정부와 기업도 'AI 전환'에 굉장히 발 빠르게 적응하는 것 같아요. 회사 이름도 바꾸더라고요. 새 정부는 'AI 3대 강국 AI G3' 실현을 핵심 과제로 내세우고 있고요. 미국과 중국이라는 두 국가를 추격할 수 있도록 어떤 모멘텀을 만들어 보려는 시도인 것 같고, 방향성 자체는 굉장히 옳은 것 같습니다. 이 과정에서 '주권 AI' 또는 '소버린 AI Sovereign AI[19]' 개발 흐름도 타기 시작했는데, 그런 독자적인 생태계를 만드는 게 현실적으로 정말 가능한지에 대한 많은 논쟁이 있을 거라고 보거든요. 권 교수님, 독자적 AI 생태계를 만드는 게 과연 바람직하고 필요한 건지, 또는 가능한 건지 말씀해 주시겠어요?

---

[19] 'sovereign'은 '자주적인' '주권이 있는' '독립적인'이란 뜻으로, 소버린 AI란 국가가 자체 개발한 데이터와 인프라를 활용하여 자국 내에서 독립적으로 운영할 수 있는 인공지능 체계를 말한다.

한국이 'AI G3' 도약을 노리기에 앞서

권석준 지금 우리 정부의 가장 큰 화두가 소버린 AI 죠. AI에 힘을 실어야 하는 건 맞는데, 좀 더 기술 주권의 개념으로 접근하자는 건데요. 과거에도 이러한 시도가 없었던 건 아닙니다. 예전에는 왜 우리가 마이크로소프트의 윈도우 Windows에만 의존해야 하는가, 우리도 '한국형 운영 체제'를 만들자는 이야기들이 있었어요. 실제로 삼성전자나 티맥스 같은 업체들이 한국형 OS를 만든 적도 있고요. 그게 생각보다 국내에서 생태계를 제대로 형성하지 못해 사장되고 말았지만요. 그런데 '소버린 워드 프로세서'라고 하면 좀 이상하긴 하지만 한글과컴퓨터에서 만든 HWP, '한국형 워드 프로세서'는 잘 살아남았죠. 그럴 수 있었던 주된 이유는 대부분의 정부 기관과 지자체, 학교에서 사실상 의무적으로 HWP를 사서 썼기 때문입니다. 물론 여기에 대해서는 의견이 갈리기도 하는데요. 어떤 사람들은 HWP를 꼭 그렇게까지 강제로 썼어야 했는가, 오히려 업무 효율을 방해하는 거 아닌가 하는 의문을 제기하는데, 또 다른 사람들은 정부 차원에서의 대대적 HWP 사용이 '이런 거 만들면 정부가 항상 일정량은 사 준다'는 확실한 마중물을 민간 기업에 주었고, 그래서 네이버나 카카오 같은 한국을 대표하는 IT 기업도 나올 수 있었던 거라고 주장하죠. 뭐, 어느 한쪽 이야기만 옳다고 볼 수는 없지만요.

다시 돌아와서, 어떻게 보면 다소 철 지난 것 같은 기술 주권 논의가 왜 AI 시대에 들어와서 다시 강조되고 있는지를 살펴볼 필요가 있습니다. 사실 지금, 구글의 제미나이Gemini나 오픈AI의 챗지피티ChatGPT, 메타의 라마LLaMa 같은 좋은 모델들을 우리나라 실정에 맞게끔 개조해서 쓰는 건 기술적으로 충분히 가능한 일입니다. 그런데 기술 주권 관점에서 AI를 논하는 분들이 하시는 말씀이 뭐냐면요. 우리가 지금은 미국과 사이가 좋고, 미국의 테크 기업들이 잘 만든 모델들을 민간 기업이 가져다 쓰는 데 문제가 없죠. 그런데 만약 그걸 정부 시스템에 사용한다든지 큰 병원이나 금융 기관, 심지어 전력망, 도로, 항만, 통신망 같은 사회적 인프라에도 적용한다고 생각해 봅시다. 여러분, 혹시 윈도우 업데이트 안 해 보신 분

있으신가요? 윈도우를 많이 사용하시는 분 중에는 업데이트를 주기적으로 해야 하는 걸 좀 번거로워하는 분들도 계시거든요. 그런데 꼭 업데이트해야 하는 여러 이유 중에서도 딱 한 가지만 꼽자면 바로 보안 때문입니다. 업데이트 타이밍을 놓치면 그 시스템은 바로 해커들의 표적이 되거든요. 보안이 뚫린다는 뜻이에요. 업데이트라는 게 별 게 아닙니다. 기능을 최적화한다는 개념보다는 보안에 문제가 감지됐을 때 그에 대한 방어 체계를 업데이트한다는 거거든요. 마찬가지로, 지금 우리가 잘 쓰고 있는 챗지피티나 제미나이 등 여러 거대 언어 모델LLM도 지금의 버전이 상수가 아닙니다. 끊임없이 업그레이드되고 있어요. 기능이 하나 더 생기거나 새로운 라이브러리가 붙거나 하는 업데이트가 꾸준히 있죠. 그런데 어느 날 갑자기 미국 외 사용자는 업데이트를 못 해주겠다거나 업데이트하고 싶으면 돈을 더 내라고 한다든가, 아니면 일정 수준까지만 보안 업데이트해 준다거나 업데이트를 좀 늦게 해 주겠다고 한다면, 여기서부터 바로 기술적 공백과 보안의 취약성이 생기게 됩니다. 윈도우 업데이트를 며칠만 놓쳐도 보안 이슈가 불거지

미중 관계 레볼루션

는데, 하물며 정부나 우리나라의 중요 인프라에 이런 큰 모델들이 들어왔다가 제대로 업데이트가 안 된다면 거기서 파생되는 문제가 얼마나 크겠습니까. 좋은 시스템이 개발되면 가져다 쓰는 것은 기본적으로 합리적인 결정이겠지만, 주권이나 자율성 관점에서 봤을 땐 적어도 국가 기간 산업이나 정부 영역에서만큼은 소버린 AI 개념을 구체적으로 생각해야 하지 않겠냐는 이야기인 거죠. 어떻게 보면 다소 이상주의적인 접근일 수도 있습니다.

그런데 여기서 한 단계 더 나갑니다. 인공지능을 우리의 OS로만 보는 게 아니라 일종의 프레임워크로 보는 것이죠. 그러면 이 프레임워크에서 하나씩 새롭게 이끌어 낼 수 있는 기술이나 산업이 탄생할 수 있습니다. 이를 보통 '버티컬 AIvertical AI[20]'라고 부릅니다. 그런데 소버린 AI에서 이러한 프레임워크로서의 인공지능 개념이 기반화되지 못한다면, 특정한 도메인 산업으로 AI가 확산 혹은 전이됐을 때 막상 그 혁신의 열매를 해외 기업이나 기관들이 가져가게 되는

---

[20] 챗지피티 등 범용 AI와는 달리 특정 산업이나 분야에 특화된 AI 모델.

상황이 생길 수 있습니다. 그래서 자연스럽게 소버린 AI는 거대 AI 모델뿐만 아니라 '소규모 언어 모델Small Language Model, SLM'이나 '근거 기반 언어 모델Grounded Language Model, GLM'처럼 좀 더 특정 영역의 산업에 특화된 모델 개발, 더 나아가서는 AI를 이용해 제조업이나 다른 첨단 산업으로의 전환을 이끌어 낼 수 있는 'AI 전환AI Transformation, AX[21]'으로까지 논의를 확장하며, 하나의 생태계 개념으로 접근해야 한다고 얘기합니다.

앞서 이희옥 교수님께서 AI G3 얘기를 하셨는데요. 거대 AI 모델을 만들 수 있는 능력뿐 아니라 방대한 양의 데이터세트 구축, 토큰을 생성할 수 있는 알고리즘 기술, GPU처럼 AI 모델을 학습시킬 수 있는 AI 연산 가속기를 설계할 수 있는 기술, 그 설계된 GPU를 스스로 생산할 수 있는 팹, 거기에 들어가는 여러 장비에 대한 기술. 이들을 적어도 우리가 70~80퍼센트 정도 자급화할 수 있을 때 AI G3 실현

---

[21] AI를 통해 업무 처리 과정, 조직 문화, 전략 수립과 의사 결정 등 기존 업무 전반과 사용자 경험을 새롭게 재구성하고 혁신하는 과정.

이 가능할 겁니다. 즉 원하는 AI 생태계를 어느 정도까지 스스로 구축할 수 있는가에 따라서 소버린 AI, 소버린 AX, 소버린 버티컬 AI로 나아갈 수 있느냐의 여부가 결정된다고 보는데요. 저는 이게 기술적으로 진짜 가능한 나라는 현재로서 중국이 유일하지 않나 생각합니다. 왜 미국이 아니냐는 질문이 나올 수 있는데요. 물론 미국에는 업계를 선도하는 강력한 업체들이 많습니다. 그런데 뭐가 부족하냐면, 반도체입니다. 특히 AI가 데이터를 학습하기 위해 꼭 필요한 GPU 같은 첨단 반도체를 생산하는 팹이 부족합니다. 그걸 원래 인텔이 가지고 있었지만, 잘 아시는 것처럼 인텔은 현재 좀 많이 어려운 상황에 놓여 있죠. 물론 지금 TSMC가 애리조나주 피닉스에 공장을 세 군데 짓고 있고, 삼성전자도 텍사스 테일러 근처에 아홉 군데 이상 짓고 있으니 2030년대 초반쯤 되면 그 공장들이 대부분 가동에 들어간 상황일 겁니다. 그땐 특정 해외 생산 기지에 대한 미국의 의존도도 많이 완화되겠죠. 하지만 현재 상태로만 놓고 본다면, 미국은 'AI 주권'을 갖추기 위해 꼭 필요한 핵심 고리 중 하나가 꽤 뚜렷하게 비어 있는 상태인 겁니다.

    그렇다면 중국은 왜 가능할까요? 사실 중국은 거의 모든 면에서 여전히 미국과 기술 격차가 있습니다. 지금 중국에는 가장 혁신적이라는 딥시크나, 요즘 많이 회자되는 키미KIMI, 아니면 알리바바나 텐센트나 바이두, 캠브리콘 같은 회사가 있죠. 그런데 조금 더 면밀하게 살펴보아야 하는 회사는 바로 화웨이입니다. 화웨이는 최근 들어 자체적으로 칩을 만들고 있어요. 그 칩을 설계만 하는 게 아니라 자체 공장에서 생산하고 있습니다. 어센드 칩 같은 NPU 칩 수천 장을 모아 GPU 클러스터(초대형 연산 장치)를 구축했고, 중국어 기준 약 16만 개 이상의 토큰으로 구성된 데이터세트를 학습시켜 '판구 울트라PanGu Ultra' 같은 LLM까지 만들어 냈습니다. 이 과정에서 미국 기술에 의존한 부분이 거의 없어요. 비록 성능이 다소 떨어지거나 에너지를 더 많이 쓸 수는 있겠지만, 어쨌든 기술적 독립이 가능하다는 시범 케이스를 확실히 보여 준 겁니다. 더 흥미로운 것은, 이렇게 자체적으로 개발한 판구 울트라 같은 모델을 중국의 제조업 현장에 적극적으로 정착시키고 있다는 겁니다. 이 선생님, 혹시 '바오우강철'이라는 기업을 들어 보셨습니까? (이희옥: 예, 들어 봤습니다.) 저도 이번에 따로 스터디를 하며 알게 되었는데, 바오우강철은 생산량으로 따지면 포항제철의 약 3~4배 규모인 어마어마한 제철 기업입니다. 세계 철강 분야 1, 2위를 다투고 있고요. 그런데 화웨이가 만든 판구 울트라를 생산 현장에 제일 먼저 도입한 기업 중 하나가 바로 바오우강철입니다. 우선 AI의 예지보전 알고리즘[22]을 활용했더라고요. 용광로를 몇 도인 상태로 얼마큼 유지할 것인지, 제강한 철강의 품질을 어떻게 유지할 것인지, 에너지는 어느 공정에서 얼마나 절감할 수 있을 것인지 등 생산 과정 전반에 걸쳐 판구 울트라의 AI를 적극 활용하고 있습니다. 중국 광저우에 있는 GAC라는 자동차 그룹도 자율 주행 자동차 생산에 화웨이의 AI 모델을 가져다 쓰고 있어요. 비록 중국이 만든 거대 AI 모델이 미국 거대 테크 기업이 만든 모델만큼의 성능을 내지 못하고 있을지라도, 그래도 일단

---

22 문제가 생긴 뒤에야 대처하는 사후 보전 방식이 아니라 실시간으로 데이터를 수집 및 분석해 장비 고장을 미리 예측하여 유지 보수 시점을 최적화하는 기술.

쓰고 있어요. 여기서 제가 느낀 것은, 중국은 미국과의 기술 격차를 충분히 알고 있으면서도 독립적인 생태계 구축을 위해 성능이 떨어지든 말든, 돈이 얼마가 들든 말든 일단 저변을 깔고 있다는 겁니다.

    이렇게 AX로 넘어가는 단계에서 지금 오히려 중국이 앞서고 있습니다. 따라서 중국의 전략들을 앞으로 더욱 유심히 살펴볼 필요가 있다고 생각합니다. 특히, 중국이 지금 AI를 적용하고 있는 제조업 영역 대부분이 하필 한국에도 매우 중요한 산업 포트폴리오와 거의 정확하게 겹칩니다. 조금이라도 긴장을 늦추면 지금까지 우리나라를 먹여 살려 온 조선이나 기계, 석유화학, 에너지, 자동차, 제철 등의 산업이 규모의 경제뿐 아니라 질적으로도 중국에 빠르게 밀릴 수 있어요. 이미 늦었을지도 모르고요. 우리나라가 AI G3로 간다고 하는데, 그 과정에서 정말로 추구해야 할 것이 무엇인지 생각해 봤으면 좋겠습니다. 기술 주권 확보도 중요하지만 그 기술 주권을 영속할 수 있는 체계와 기반, 그리고 버티컬 AI에 대한 전략들. 이게 정말 실질적으로 고민해야 할 지점이라고 생각합니다.

미중 관계 레볼루션

이희옥 참 갈 길이 멉니다.

권석준 속이 탑니다. 입술이 바싹 마르고 있습니다. 진짜.

이희옥 중국의 대형 백화점에 있는 화웨이 매장을 가면요. 제일 좋은 자리에서 휴대폰을 팔고요, 바로 그 옆에서 자동차를 팔아요. 이 기업이 주는 메시지는 바로 '업의 패러다임을 바꾸라'는 겁니다. 우리는 단순히 자동차를 파는 것이 아니라 우리만의 OS를 자동차에 장착한 전자 제품을 만들고 있다는 거예요. 이처럼 우리도 생태계를 구축하고 내재화하는 방식에 주목해야 할 때인데, 이걸 하려면 많은 돈이 들잖아요. 지금 정부가 생각하고 있는 규모 가지고는 어림도 없을 것 같거든요.

중국의 과학 분야 학술 기구인 중국과학원에 저우샹위라는 사람이 있는데, 이 사람이 '무용지용無用之用'이라는 얘기를 했어요. "과학 기술은 자판기를 누르면 나오는 물건이 아니다. 그러니 지금 당장은 쓸모없어 보인다고 투자하지 않으면 앞으로 어떻게 될지 모른다." 이런 맥락에서 중국은 기존 경제학에서는 잘 쓰지 않는 '인내 자본patient capital'이라는 말을 쓰기도 해요. 근데 우리는 지금 돈을 여기저기 실험하듯 여유 있게 쓸 수가 없는 상황이잖아요. 그래서 산업 정책의 우선순위를 정하고 장기적인 전략을 세워, 어디에 어떻게 투자해야 하는지의 문제를 고민해야 하고요. 김 선생님, 지금 우리는 어떤 선택과 집중을 해야 한다고 보십니까?

우리는 위기를 제대로 직시하고 있는가

김영한 경제학에서는 시장이 잘 돌아가는 상태, 즉 시장 실패가 일어나지 않는 경쟁적 시장에서 정부가 할 수 있는 최선의 정책은 '가만 놔두는 것'이라고 보거든요. 정부가 뛰어들면 또 다른 형태의 시장 왜곡이 발생해 경제적 비효율이 초래되니까요. 그러면 정부는 언제 개입해야 할까요. 시장 실패가 발생하고 있는 분야, 또 그 시장 실패가 미치는 데미지가 큰 분야 순서대로 우선순위를 정한 뒤 그에 따라 정부가 개입의 규모와 형태를 잘 결정해 나가는 것이 실패하는 정부와 성공하는 정부를 가르는 가장 큰 차이인데요. 그렇다면 지금 우리 경제에서 가장 크게 '펑크'가 나고 있는 분야가 무엇인가, 이대로 가다가는 생존 자체가 불가능할 정도의 위기에 처할 가능성이 제일 높은 영역이 어디인가를 봤을 때, 앞서 다른 분들께서 이미 설명해 주신 대로 현재 상황에서는 AI인 것 같거든요. 지금 추세를 보면 AI는 단순히 '멋진 신기술' 차원이 아니라, 효율성을 개선하고 생산비를 낮추는 것은 물론 새로운 비즈니스 기회를 발굴하고 시장을 창출함으로써 기업의 생존 가능성을 가장 크게 높여 주는 가장 시급한 영역이라고 할 수 있지 않습니까? 이런 맥락에서, 새 정부가 단순히 구호성 정책으로서 AI 산업 육성을 내세우는 게 아니고 실질적인 생존 가능성을 높이는 차원에서 투자의 필요성을 인식했다는 점은 그나마 좀 안심이 됩니다.

그다음으로, 권 교수님께서 설명해 주신 것처럼 지금까지 우리가 주력해 온 산업 가운데 중국에 대해 비교 우위를 실질적으로 유지할 가능성이 높은 영역이 어디인지, 또 그 산업 안에서도 중국이 쉽게 대체

할 수 없는 기술적 우위를 확보할 수 있는 분야가 어디인지에 대한 새로운 그림을 그려 나가야 할 것 같고요. 거품 낀 청사진이 아니라 생존을 위해 반드시 필요한 실질적 로드맵을 그려 낼 수 있느냐가 중요합니다.

그래서 과연 어떤 산업 정책이 필요한가에 대한 판단에는, 지금 어떤 산업이 가장 심각한 위기에 처해 있는가에 대한 냉철한 분석을 할 수 있는 능력과 그를 바탕으로 정책의 우선순위를 빠르게 결정하는 작업이 필요하죠. 이것이야말로 매우 절박한 지금의 위기 상황에서 우리의 생존을 좌우할 관건이 될 겁니다.

그런데 제가 좀 걱정하고 있는 점은, 과연 우리 정부와 산업계, 그리고 연구자들이 R&D 분야에서 직면한 심각한 위기를 제대로 인식하고 있는지, 또 그 위기의식을 바탕으로 문제를 올바르게 진단하고 있는지입니다. 이에 대한 문제 제기가 필요하다고 생각합니다. 또한 이러한 문제 제기와 함께, 위기 진단과 해법 마련을 위해 연구계와 산업계, 그리고 재정을 배분하는 정책 결정자들이 긴급히 머리를 맞대야 합니다. 이 절박한 노력이야말로 현재 가장 시급한 과제라고 생각합니다.

    또한 한국 경제의 생존 확률을 높이기 위한 근본적인 패러다임의 변화도 필수적이라고 생각합니다. 지금까지는 우리가 통제할 수 없는 국제 경제 및 기술 환경의 변화에 적응하고 대응하는 전략을 찾는 일에 급급했는데, 이런 낡은 문제 해결 방식의 근본적인 한계를 파악하고 바꾸어야 한다는 거죠. 미중 관계의 변화가 우리 경제와 산업 기술에 미치는 영향에 대한 소극적인 대응에만 집중하는 기존 접근법의 한계를 인식하고 이를 극복해야 합니다. 지금 우리가 겪고 있는 국제적 혼돈의 근본 원인은 트럼프 행정부가 기존 다자주의 국제 경제 질서를 무시하고 부정하는 조치를 취하고 있고, 그에 중국이 똑같이 맞대응하고 있기 때문이죠. 그러면서 결과적으로 전후 국제 질서의 안정을 유지해 왔던 틀인 다자주의 무역과 국제 경제 질서가 붕괴되었어요. 한편, 이렇게 붕괴된 질서의 복원을 주도할 수 있는 국가, '중추적 중간 국가'로서의 한국의 역할에 대한 국제적 기대가 커지고 있습니다. 이 현실을 더 이상 외면해서는 안 됩니다. 이런 국제적 기대에 부응하는 한국 정부의 적극적인 노력들은 곧바로 한국의 협상력으로 이어질 거예요. 이 점이 바로 지금 우리나라가 가장 주목해야 할 대목이라고 생각합니다.

이희옥 지금 우리가 직면한 문제를 대부분 '복합 안보 위기'라고 얘기하잖아요. 기술도 부족하고, 돈도 없고 힘도 없는 이런 상황에서 우리가 할 수 있는 건 결국 각 분야가 머리를 맞대고 '지혜'를 모으는 일인 것 같아요. 그리고 그 지혜의 핵심이 외교 영역인 것 같기도 하고요. 사실 미중 경쟁 속에서 어딘가에 편승하는 게 가장 손쉬운 길이긴 합니다. 고민이 필요 없잖아요. 하지만 이제 대한민국이 선도 국가로 자리매김하고 더 나아가 세계 강대국으로서의 위상을 갖추려면 스스로 전략 지도를 그리는 훈련을 해야 합니다. 국제 사회에 어떻게 기여할 수 있을지 그 역할도 모색해야 하고요. 이런 맥락에서, 앞으로 우리 정부가 어떠한 외교적 상상력을 발휘해 나가야 할 것인지가 중요한 문제입니다. 냉전 시절의 한미 관계, 그 이후 현재 미중 경쟁 시대에 이르기까지 우리가 현실주의적인 대안을 찾으려 했던 고민의 흔적들이 분명 있었던 것 같은데요. 차 교수님, 거기서 벤치마킹해 볼 수 있는 우리 외교의 방향성은 어떤 게 있을까요?

신냉전이라는 추운 겨울, 우리의 길은

차태서 지난 30년 동안 우리가 살아 온 미국 주도의 자유 세계 질서는, 많이들 기억하고 계실 〈왕좌의 게임〉이라는 드라마로 비유할 수 있습니다. 드라마 속 세계는 긴 여름과 긴 겨울 두 개의 계절밖에 없는 세계인데, 인류가 긴 여름 동안 평온한 환경에서 살다가 긴 겨울을 맞게 되며 벌어지는 일들을 그린 게 이 드라마 전체의 메인 테마입니다. 우리가 살아왔던 단극 시대도 이와 비슷했던 것 같아요. 우리 입장에서, 미국 주도의 자유 세계 질서는 그야말로 '긴 여름'이었죠. 사실 저는 그 30년 동안 전 세계에서 가장 큰 혜택을 입은 나라 중 하나가 대한민국이었다고 생각합니다. (권석준: 동의합니다.) 경제 발전 측면에서도, 안보 문제에서도 그랬다고 생각해요. 이제 문제는, 말 그대로 'winter is coming'이라는 겁니다. 사실 겨울이 오고 있는 게 아니라 이미 와 버렸어요. 탈단극의 시대가 왔고, 우리의 지난 외교 정책이나 외교 정책 패러다임이 어떻게 보면 낡은 것이 되었습니다. 그동안의 중견국 전략, 자유주의적인 외교 패러다임을 고수하는 것은 어떤 각주구검의 함정에 빠질 수밖에 없는 상황이 되었어요. 그렇다면 '과거 겨울이었던 시절 우리는 어떻게 살았나' 하고 되돌아보는 시간이 필요하겠죠. 그 겨울이 우리에겐 구냉전 시기였고요.

그런데 구냉전 시절에도 외교 전략에 대해 큰 논쟁이 있었습니다. 자유 진영에서는 소련을 어떻게 상대해야 하는가, 바르샤바 조약기구 또는 중국과 북한에 어떻게 대응해야 하는가, 또 나토는 미국을 어떻게 대해야 하는가 등을 두고 상당한 논쟁이 존재했어요. 이 한편에 이념적 접근이 있었습니다. '우리는 자유 진영의 이념으로 똘똘 뭉쳐서 공산주의 진영에 대한 이념적 성전을 치러야 한다'는 식의 접근이었죠. '선 대 악' '자유 민주주의 대 전체주의'라는, 전혀 타협 불가능한 삶의 방식의 대결이라는 인식 아래에서 트루먼 독트린이나 NSC-68 봉쇄 정책 같은 것도 나

왔고요. 그런데 다른 한편에는 굉장히 현실주의적인 대응 방식이 있었습니다. 조지 케넌이나 한스 모겐소 같은 사람은 '미소 대립은 힘과 힘의 대결, 세력 균형의 관점에서 이해해야 하고 그래서 결국 지정학적인 타협을 만들어 가야 한다'고 봤어요. 하지만 결국 주류는 이념적 접근 쪽이었죠. 그런데 문제는, 베를린 위기라든지 쿠바 미사일 위기, 또는 월남전과 같이 선과 악의 대결로 냉전을 이해하는 순간 외교적 타협이 불가능해집니다. 더군다나 그때는 핵과 핵의 대결이었기 때문에 인류 전체의 공멸로 갈 수 있는 위기 상황이 왔었고, 결국 70년대에 들어서는 '이러다 우리 다 죽겠구나' 하는 생각까지 이르게 되었습니다. 그 결과로 데탕트가 오고, 미소 간에 일정한 타협이 이루어지게 됐거든요.

제 생각은, 지금의 신냉전 상황에서 그때와 같은 이념적인 선악 대결의 시간을 조금이라도 단축하는 게 좋다는 겁니다. 어차피 미중 간, 남북 간, 자유 진영과 권위주의 진영 간의 갈등이라는 '겨울'이 왔다는 사실은 이제 우리가 받아들일 수밖에 없는 현실입니다. 이 시기를 큰 위기 없이, 조금이라도 외교와 타협의 시간으로 꾸려 가는 방안은 없을까요. 현실주의적 관점에서 보면, 갈등의 존재를 인정하되 그 속에서도 잠정적 타협modus vivendi을 끊임없이 모색하고 전쟁이나 핵 위기 없이 어떻게든 '넘겨 가려는muddling through' 전략이 필요합니다. 손실을 최소화하면서도 위험을 관리해 나가는 방안을 찾는 것, 이것이 현실주의자들이 강조했던 일종의 '신중함prudence의 외교'였고 우리가 지금도 고려해야 할 방향성이라고 생각합니다.

이희옥 네. 차 교수님 말씀을 우리 상황에 빗대어 보면, 외교 정책을 펼 때는 국내에서의 합의가 중요한 것 같아요. 넓은 공감대를 얻어야 외교 정책으로 인한 매몰 비용을 줄일 수 있고 또 계속 추진해 나갈 동력이 생기지 않겠습니까? 지금 한국의 정치나 사회는 철저히 정치적 부족주의tribalism으로 갈라져 중간 세력이 설 자리를 잃은 채 극단의 정치가 전개되고 있습니다. 이러한 상황을 극복하고 토론의 공간을 넓혀야 외교적인 힘도 발휘할 수 있고 새로운 상상력도 살아날 수 있지 않을까요. 외교가 좀 더 유연해질 필요가 있는데, 지금은 너무 딱딱한 상태에 놓여 있는 것 같아요.

전승절과 APEC, 놓치지 말아야 할 단서와 기회

권석준 우리가 앞으로 어떤 방향성을 가져가야 하는지와 관련해, 최근 있었던 중국 전승절 기념 열병식과 곧 개최될 APEC 정상 회의에 대한 이야기를 덧붙이고 싶습니다. 지난 2025년 9월 3일 중국의 전승절 80주년을 기념한 대규모 열병식에 시진핑과 푸틴, 김정은이 천안문 광장에서 한자리에 섰습니다. 김정은은 중국이 주최한 대규모 국제 정상급 이벤트에서 시진핑 주석만큼이나 큰 스포트라이트를 받았고요. 미중 관계가 급변하고 있는 현재 상황 속에서, 이번 전승절 행사와 관련해 한국이 반드시 주목해야 할 점이 있습니다. 바로 미국과의 대결 구도의 최전선에 서 있는 중국은 물론, 러시아와 북한 또한 각각 정상 회담을 나누며 협력 가능한 의제를 교환했다는 사실입니다. 시진핑과 김정은의 회담에서 나온 중국 측 공개문을 보면 '한반도 비핵화' 표현이 빠져 있습니다. 이건 중국이 북한의 핵을 용인한다는 의미일 수도 있고요. 혹은 베이징이 북한을 지렛대로 활용해 워싱턴과 서울과의 거래 비용을 올림으로써 북중 관계 복원과 상호 의존 심화에 방점을 찍었음을 내포하는 것일 수도 있습니다. 푸틴과 김정은의 회담에서는 이미 2024년부터 북한군의 대규모 참전이 확인된 러우 전쟁에 대해, 앞으로 두 국가 간 더욱 긴밀한 군사 공조가 이어질 거라는 뉘앙스가 노출되었어요. 물론 시진핑-김정은, 푸틴-김정은의 연이은 정상 회담이 '북중러 3자 동맹'으로의 공식 격상을 의미하지는 않습니다. 수십 년 만에 이루어진 동시 정상급 회담은 그 자체로 충분한 시대적 상징성을 갖기는 하지만, 정식 3자 정상 회의나 연례 회의로 제도화될 거라는 후속 조치는 없었어요. 세 나라의 결속이 갖는 정치 경제적 실체는 여전히 제한적이고요.

다만 북중러 연계가 이번 전승절 행사를 계기로 개시된 것은 분명하고 이들 연계 체제가 미국에 대항하며 결속력이 더욱 강해질 가능성이 있다는 점에서,

이번 전승절 행사가 한국에는 중요한 정책 대응 포인트일 수 있습니다. 우리가 여기서 읽어 내야 할 기정학, 지정학적 함의는 우선 '중국의 대북 전략이 점차 바뀔 수 있다는 것'입니다. 시진핑과 김정은의 회담에서 '비핵화' 표현이 빠진 것은 향후 한국의 대중 외교와 대북 정책 포트폴리오에 영향을 줄 수 있습니다. 또한 푸틴과 김정은의 회담에서 드러난 북러 군사 공조 심화 추세는 드론, 미사일, 5세대 전투기 등 북한의 군사 기술 현대화, 첨단화와 연계될 가능성을 높이고 있어요. 이는 한반도 긴장을 고조시키고 인도-태평양 지역에서 미국과 동맹국이 억지력을 유지하는 데 드는 군사적 부담을 크게 늘릴 수 있죠. 북중러 연계 강화를 '권위주의 연성 연합'이라는 정치적 상징으로 볼 수도 있지만, 사실 세 나라의 정치 체제는 서로 이질적인데요. 이런 상황에서 북중러를 한데 묶을 수 있는 동력이 바로 '대미 견제 서사'입니다. 앞으로 북중러가 미국에 대항하기 위해 단순히 협력하는 차원을 넘어서, 마치 나토처럼 중국을 중심으로 경제, 제도, 군사, 그리고 첨단 기술 협력이 이루어지는 지역 연계 안보 동맹 차원으로 언제든 확장될 수 있다고 봅니다. 물론 나토 수준의 실질적 통합은 현재로서는 여전히 요원한 만큼 이에 대처하는 한국의 전략이 불필요한 과잉 대응으로 이어지지는 않도록 해야겠죠. 하지만 어느 한 나라라도 선을 넘는 경우에 대비해 억지와 제재 집행을 촘촘하게 구상해야 하고, 미국과 일본과의 안보 자산 공유나 기술 공급망 안정화 협력도 강화해 나가야 합니다. 특히 한국은 기술 안보적 측면에서, 기업과 연구 기관이 상대 기업이나 고객의 신원, 거래 목적을 철저히 확인하도록 실사를 강화해야 합니다. 러시아나 북한과의 직접 거래뿐 아니라 제3국을 통한 우회 거래에 대해서도 마찬가지입니다. 이런 방침들은 반도체나 인공지능처럼 민-군 이중 용도로 쉽게 전용될 수 있는 기술부터 시작해 정밀 기계, 조선, 엔진 같은 산업 기술 영역에도 확대 적용될 수 있어야 하고요.

그리고 전승절 행사에 이어 동아시아에서 또 하나의 국제적 행사가 열릴 예정이죠. 2025년 10월 31일~11월 1일에 걸쳐 한국에서 20년 만에 APEC 정상 회담을 개최하는데요. 한국은 이번 회담에서 '의장국 레버리지'를 쥐고 있죠. 이를 전략적으로 잘 활용해야 합니다. 우선, 미국의 반도체 전략은 최근 인공지능 패권 전략으로 확장되고 있습니다. 특히 지난 2025년 7월 백악관 과학기술정책실의 보고서 발표 이후 에너지, 물류, 반도체, AI 연산 인프라를 마치 하나의 패키지처럼 묶어 관리하기 시작했어요. 한국도 반도체와 AI, 배터리 공급망을 '조기 경보 시스템 Early Warning System, EWS 구축, 재고 가시성 확보, 대체 경로 확보'라는 세 가지 축으로 관리하며 이를 APEC 정상 회담은 물론 향후 이어질 미국과의 실무급, 장관급 협상의 주요 의제로 설정할 필요가 있습니다.

또한 이번 회담에서 북중러에 대한 직접 제재 등 부담이 큰 의제를 언급하기보다는, 글로벌 첨단 기술 공급망 안정화와 지속 가능성 추구, 글로벌 자유 무역로 보호와 지역 안보 강화, AI 글로벌 공동 활용 및 생태계 보호 등의 의제를 먼저 제시해야 한다고 생각합니다. 첨단 기술을 선도하면서도 글로벌 안정화에 대한 책임감을 분담하는 중견국의 자세를 보이는 전략을 취할 필요가 있어요. 그리고 지금 미국에서는 'AI 혁신과 미국의 기술적 우위 확보에 집중한다'는 트럼프의 행정 명령 발효 이후, AI 신뢰와 안전 문제에 대한 중요성이 점차 약화되고 있는데요. 이런 미국을 자극하지 않는 선에서 APEC 참여 국가와 협력해, OECD와 G7의 기준을 준수하는 'AI 신뢰성, 투명성, 안전성에 대한 기본 원칙' 마련, 데이터 접근 투명성 등에 대한 논의를 추진해야 합니다. 마지막으로는 기후 위기 대응 차원에서의 인공지능 인프라 지속 가능성, 특히 원자력이나 신재생 에너지 등 탈탄소 기반의 지속 가능성 가이드라인을 먼저 제시해 해당 의제를 선점하고, 역내 국가 간 공통된 안보의 틀 안에서 가능한 기술 협력의 구체적이고 실질적인 방안이 논의될 수 있다면 좋겠습니다. 여기까지 이루어진다면 이번 APEC 회의에서 한국이 의장국 레버리지를 잘 활용했다고 평가할 수 있을 것 같아요.

마무리하며

이희옥 긴 시간 동안 미중 갈등과 한국의 미래에 대해 논의했습니다. 마무리 차원에서, 지금까지의 논의에 대한 소감을 곁들여 한말씀 더해주시면 좋겠습니다. 김영한 교수님, 권석준 교수님, 차태서 교수님 순서로 부탁드립니다.

김영한 교수님들께서 설명해 주셨던 말씀을 다 듣고 나니, 지금 정말 입이 바짝바짝 마를 정도로 위기 국면인 것 같습니다. 그런데 또 돌이켜 보면 언제 위기가 아니었던 시절이 있었나 싶어요. 우리가 나름대로 여러 힘든 상황을 이겨 내고 현재까지 버텨 왔는데요. 그 비결은 바로 과거 조선시대 때부터, 혹은 그 이전부터 지금까지 우리 안에서 어떤 생존 전략이 '진화'해 왔기 때문인 것 같습니다. 진화란 전혀 예상치 못했던 상황에서도 생존 확률을 높일 수 있도록 가장 최적화된 모습으로 자신을 바꾸는 능력을 말하죠. 우리에게는 그 진화의 능력이 있습니다. 그래서 제일 중요한 덕목은 개인적, 사회적, 국가적 차원에서 진화를 멈추지 않도록 하는 '유연성'입니다. 또한 무한한 불확실성 한가운데에서 두려움에 떠는 것이 아니라, 오히려 그 불확실성을 즐기는 것이야말로 진화를 이끌어 내는 가장 큰 덕목인 것 같습니다.

권석준 김 교수님께서도 말씀하셨습니다만, 시대가 너무나 빨리 변하는 만큼 앞으로는 유연한 태도가 정말 중요합니다. 새로운 지식을 받아들이고 새로운 방법론을 받아들이는 일을 두려워하지 마십시오. 특히 앞으로는 원하든 원치 않든 AI와 같이 살아야 하는데요, AI가 본인의 삶 속으로 들어오게끔 마음의 문을 여시되 지적 활동을 AI에 전부 외주를 주지는 마십시오. 자신의 지식과 지적 능력을 믿으시고, AI는 '좋은 동반자' 혹은 툴 정도로 활용하시면 좋겠습니다. 또한 이 자리에 계신 네 분의 교수님들도 더욱 치열하게 학문과 후학 양성으로 이바지할 필요가 있겠습니다만, 이 책을 읽으시는 독자분들, 그리고 특히 학생분들은 앞으로의 세계 질서가 지금까지와는 달라질 가능성에 대비하시고, 특히 첨단 기술을 중심으로 하는 질서의 개편이 한국뿐만 아니라 우리 모두에게까지 영향을 미칠 것이라는 점을 염두에 두시며 미래 계획을 세우시면 좋겠습니다. 반도체나 AI뿐 아니라, 큰 변화를 앞둔 거의 모든 산업 영역에서 전략적 마인드와 혁신에 오픈된 자세는 앞으로 더욱 중요해질 겁니다.

미중 관계 레볼루션

차태서 트럼프의 당선이나 우리나라에서 있었던 친위 쿠데타 같이 최근 여러 국내외 상황을 지켜본 분들이라면 '세상이 점점 나빠지고 있다, 세상이 망해 가고 있다'고 느끼는 경우가 많을 겁니다. 하지만 그럼에도, 이 세상을 조금 더 살 만하게 만드는 것또한 정치의 영역일 수밖에 없다는 생각이 듭니다. 미중 갈등이나 우리가 처한 심각한 위기, 현재 상황을 둘러싼 근본적인 고민을 해결하고 세상을 더 나은 방향으로 만드는 데 동참하고 싶다면 정치학적 시각이 큰 도움이 될 거라 말씀드리고 싶습니다. 정치학을 공부함으로써 세상의 큰 변화를 이해하고, 그에 대한 국가의 대응 방향을 고민하는 일에 우리 모두의 집단 지성을 모아 나갈 수 있게 되길 바랍니다.

이희옥 한자어 '문제問題'라는 말은 곧 '지금 있어야 할 상태와 앞으로 있어야 할 상태의 간극'입니다. 저희가 논문 지도할 때 학생들에게 가장 처음 하는 말도 문제 제기이고요. 앞으로는 제대로 문제 제기할 수 있는 사람만이 살아남을 겁니다. 세상을 어떤 새로운 시각에서 바라보느냐, 또 누가 창의적인 질문을 던질 수 있느냐가 더욱 중요해질 것 같습니다. 그러기 위해서는 앞서 교수님들께서도 말씀하신 것처럼 매우 유연해야 합니다. 또한 '좋은 세상'은 계획만으로는 오지 않습니다. 상상과 꿈으로부터 나오죠. 이 꿈이 바로 문제 제기의 영역입니다.

    그럼 여기서 모든 논의를 마치도록 하겠습니다. 감사합니다.

미중 관계 레볼루션

ⓒ 이희옥, 김영한, 권석준, 차태서, 2025

초판 1쇄 인쇄 2025년 10월 15일
초판 1쇄 발행 2025년 11월 5일

지은이 이희옥, 김영한, 권석준, 차태서
펴낸이 유강문
인문사회팀 최진우 김효진
마케팅 김한성 조재성 박신영 김애린 오민정

펴낸곳 ㈜한겨레엔 www.hanibook.co.kr
등록 2006년 1월 4일 제313-2006-00003호
주소 서울시 마포구 창전로 70(신수동) 화수목빌딩 5층
전화 02-6383-1602~3
팩스 02-6383-1610
대표메일 book@hanien.co.kr
ISBN 979-11-7213-326-9 03340

※ 책값은 뒤표지에 있습니다.
※ 파본은 구입하신 서점에서 바꾸어 드립니다.
※ 이 책의 일부 또는 전부를 재사용하려면 반드시 저작권자와 (주)한겨레엔
    양측의 동의를 얻어야 합니다.